A todas las víctimas y sobrevivientes de Domestic Violence, Rape y Sexual Assault: ¡No es tu culpa! Sal mientras todavía puedes. ¡Detengamos la violencia!

-Tanisha M. Bagley

A PrintHouse Books; Non-Fiction Title

PRINTHOUSE BOOKS PRESENTA

EL PRECIO DEL AMOR

El viaje de una mujer a travésde la violencia d omástica.

BASADA EN UNA HISTORIA REAL

NO FICCIÓN
2ª Edición.

TANISHA M. BAGLEY

VIP INK Publishing Group, Incorporado

Atlanta, GEORGIA.

The Price of Love **by *T.Bagley; Second Edition***

Rústica Isbn – 979-8-3507-0653-6

PRINTHOUSE BOOKS, Atlanta, GA.

Publicado

www.PrintHouseBooks.com

Datos de catalogación en publicación de la Biblioteca del Congreso

Tanisha M. Bagley

El precio del amor; El tedioso viaje de una mujer a través de la violencia doméstica / T.Bagley

1.No ficción 2.Violencia doméstica 3.Agresión sexual 4. Violación

IMPRESO EN LOS ESTADOS UNIDOS DE AMÉRICA

A PrintHouse Books; Non-Fiction Title

Dedicado a mi hermanito,
Linda, Mary y Helen;
Descansar en Peace... Los amo a todos y doy gracias a
Dios por todas sus bendiciones.

Tanisha M. Bagley

El precio del amor

Segunda Edición

LIBROS DE IMPRENTA.

Editorial Bagley

A PrintHouse Books; Non-Fiction Title

Tabla de contenidos:

Capítulo 1: "Secretos de familia"

De vez en cuando un sudor frío me despierta en medio de la noche. Me siento jadeando por aire con los brazos sobre la cabeza, tratando de protegerme de un asaltante invisible como el que me había victimizado durante los últimos 15 años. El sonido de los latidos de mi propio corazón tocando el tamborileo en mi pecho solo intensifica el miedo que siento. Instintivamente, corro a las habitaciones de mis hijos para asegurarme de que estén bien. Lo están. Los tres están durmiendo plácidamente bajo los edredones de abajo y las colchas que recibieron la Navidad pasada. Para ellos, el mundo es un lugar seguro.

Examino cada habitación y todas están vacías. Pero el miedo sigue ahí. Nunca desaparece. Mientras trato de cerrar los ojos y volver a caer en ataques de sueño despierto, no puedo encontrar consuelo. Nunca hay paz en saber que en algún lugar todavía está ahí fuera. Incluso mis sueños están llenos de angustia y el recuerdo de un hombre que durante años me golpeó sin piedad. Las cicatrices y moretones en mi cuerpo se han curado hace mucho tiempo, pero las laceraciones en mi corazón y mente son irreparables.

"Señoras, esta noche representa la primera noche del resto de su vida. ¡Ya no son víctimas, son sobrevivientes! Lo peor ha quedado atrás, y a partir de este momento, te vamos a ayudar a recuperar tu vida; ¡reclama tu identidad y reclama tu futuro!"

Whitney miró la cara de cada mujer en el grupo y recordó cómo se había sentido hace varios años, la primera vez que vino al grupo. Ella había dado el primer paso de buscar ayuda profesional y asesoramiento después de sobrevivir a 10 largos años de abuso a manos de su ahora ex esposo. Había 12 personas en su grupo, y su primera noche en consejería, no dijo una palabra. Pero regresó semana tras semana hasta que finalmente tuvo la fuerza para hablar sobre lo que le había sucedido. El Grupo L.I.P.S. (Living In Peace & Safety) había existido por más de 13 años, y literalmente había ayudado a salvar la vida de Whitney. Aunque su ex marido finalmente estuvo en prisión por agresión sexual, violación y restricción criminal (un cargo menor por secuestro), en su contra, todavía le quedaba el desafío de reconstruir su vida y restaurar su autoestima. Empezar de nuevo no fue una tarea fácil.

Pero esta noche, Whitney se paró orgullosa al frente de la sala, mirando los rostros de las mujeres que habían enfrentado el mismo tipo de abuso y negligencia que ella había sufrido durante tanto tiempo. Ella había comenzado su proceso de curación cinco años después de que su abusador fuera a prisión. Y ahora, ella había dedicado su vida a ayudar a otros sobrevivientes de violencia doméstica y abuso a sanar y comenzar sus vidas de nuevo. Whitney había sido facilitadora de L.I.P.S. durante casi dos años, y esta era su forma de llegar para ayudar a otros y retribuir a la comunidad.

"Mi nombre es Whitney Jordan Little, y soy una sobreviviente de violencia doméstica. Cuando tenía 14 años, conocí y me enamoré de mi novio que eventualmente se convertiría en mi esposo. Esta noche estoy ante ustedes, un orgulloso sobreviviente, después de soportar más de 10 años de abuso físico, sexual, mental, emocional, verbal y financiero. La mayoría de la gente piensa que solo puedes ser abusado si eres débil o tienes baja autoestima, pero eso no es cierto. También existe la idea errónea de que, a menos que tengas los ojos negros y los huesos rotos, realmente no estás siendo abusado. Eso tampoco es cierto. Ser parte de esta organización permitirá que el proceso de curación comience y el proceso educativo continúe. Quiero felicitar a cada uno de ustedes por tomar una de las decisiones más valientes que jamás tomarán para recuperar el control de su vida. Cada uno de ustedes es un sobreviviente, y eso es definitivamente algo de lo que estar orgulloso. ¡Dense una mano!"

Las mujeres del grupo se miraron a su alrededor sonriendo y estallaron en fuertes y bulliciosos aplausos. Sí, esta noche fue un paso en la dirección correcta para cada uno de ellos.

Una joven del grupo parecía un poco nerviosa y frustrada. Cuando los aplausos se calmaron, levantó la mano y habló. "Whitney, tengo una pregunta. En realidad, es más como una preocupación. Mi ex novio me rompió tres costillas y me abrió el costado de la cabeza con una botella de cerveza. Ahora está en la cárcel, pero solo sé que el sistema lo dejará salir más temprano que tarde. Todos los días, tengo miedo por mi vida. No quiero decir ningún daño, pero realmente no estoy aquí para un discurso motivacional. Quiero saber cómo empezar mi vida de nuevo. Quiero saber cómo evitar terminar en otra relación abusiva, porque la próxima vez, es posible que no tenga la suerte de salir con vida".

"¿Te importa decirnos tu nombre?", preguntó Whitney.

"Mi nombre es Toni", dijo.

"Toni, no solo estamos aquí para motivarte. Pero una de las cosas que hacemos es aplaudirle por tomar medidas audaces y valientes para mejorar su futuro. L.I.P.S. obviamente no es un club social. Nadie en esta sala está aquí por elección, se lo garantizo. Todos estamos aquí porque alguien nos quitó el control, nos quitó el poder, se aprovechó de nosotros y abusó de nosotros; y ahora lo estamos retomando todo.

Estoy bastante seguro de que todos tenemos días en los que nos despertamos temerosos de que realmente no haya terminado. Eso viene con el territorio. Pero tengo buenas noticias. Cada uno de nosotros tiene el poder y la capacidad dentro de nosotros mismos para recuperar nuestras vidas, y las vidas de nuestros hijos".

Otra mujer de unos 40 años levantó la mano.

"Discúlpame Whitney, pero creo que recuerdo haber oído hablar de tu caso".

Whitney asintió y preguntó: "¿Qué recuerdas, eh?"

"Oh, lo siento. Mi nombre es Karen, y también soy una sobreviviente de violencia doméstica. Mi esposo nos aterrorizó a mis hijos y a mí durante seis años. Un viernes por la noche decidí que ya había tenido suficiente. Hice arreglos para conseguir un trabajo en otro estado. Solo les dije a mis padres y a mi hermana a dónde iba. Y una noche, cuando estaba trabajando hasta tarde, empaqué nuestras pertenencias, y mis hijos y yo salimos de allí". Había risas familiares y nerviosas en la habitación.

Ella continuó: "Pero de todos modos, creo que recuerdo haber leído sobre su caso en el periódico, y también fue cubierto en las noticias de la noche. Por lo general, no escuchas mucho sobre las víctimas, es decir, los sobrevivientes, en los casos de violencia doméstica, pero fuiste tan abierto y honesto sobre lo que te sucedió, es como si te convirtieras en la voz de la violencia doméstica. Recuerdo haber escuchado tu historia y pensar en lo valiente que debes ser. Y ahora, estoy sentado aquí frente a ti. Sé que se supone que debes apegarte a la agenda, pero creo que sería realmente útil si todos conocieran tu historia. Eres un ejemplo maravilloso para los sobrevivientes de violencia doméstica en todas partes".

Whitney asintió con la cabeza de nuevo y dijo: "A veces me siento como la voz de las mujeres de todo el mundo que quieren y necesitan escapar. Quiero mostrarles que entiendo, y que ellos también pueden salir. Mi historia es familiar para muchos de ustedes. Estoy más que feliz de compartir mi terrible experiencia, porque compartir tiene el poder de sanar, y para eso estamos todos aquí. Cada semana, cada uno de nosotros compartirá más y más sobre lo que sobrevivimos, cómo sobrevivimos y lo que el futuro nos depara. Tomemos un tiempo y presentémonos el uno al otro ahora. Pero para cualquiera que quiera leer más sobre mi vida, hay copias de mi libro, revista y artículos de periódicos en el fondo de la habitación".

Mi madre me tuvo cuando tenía 17 años. Mi padre biológico tenía 20 años en ese momento. Mi abuela me crió desde que era un bebé. Supongo que sintió que mi madre no estaba preparada para criarme. Fui a la escuela preescolar en el Bronx, Nueva York, y solo puedo recordar que mi madre me tuvo durante dos años en ese momento, lo que me afectó mucho.

Crecí con tres generaciones viviendo bajo un mismo techo. Mi abuela se mudó a Virginia para cuidar a su madre. Mi madre iba y venía viviendo en diferentes estados. Recuerdo no entender por qué todos mis amigos y primos vivían con su madre y yo no. Pero afortunadamente, tuve una relación muy cercana con mis dos abuelas.

Crecí en un hogar con mi primo que tenía retraso mental y físico. Tenía un defecto congénito y era producto de un grave abuso de alcohol por parte de su madre. Mi abuela estaba divorciada, lo que no descubrí hasta mucho más tarde. Ella también fue una sobreviviente de violencia doméstica. No sabía mucho sobre mi abuelo. Y nadie lo mencionó realmente.

Nuestra familia estaba llena de secretos. Todo fue silencio, que es el entorno donde prospera la violencia y el abuso. Mi familia nunca discutió las cosas que estaban mal. Y solo cuando fuimos mayores descubrimos la fuente de algunos de los esqueletos que han seguido persiguiendo a nuestra familia hoy en día.

El novio de mi abuela abusó sexualmente de mi madre, pero nadie dijo nada. Pedía tocarlos en ciertos lugares durante un trimestre. Eso realmente le hizo mucho daño emocional a mi madre. Por un lado, estaban agradecidos de tener a un hombre cerca que realmente proveyó para el hogar y los ayudó a sobrevivir. Pero, por otro lado, estaba abusando y abusando de los niños que estaban en la casa. Este era un hombre extraño que vino y echó una mano para mantener a la familia unida, pero también estaba destrozando silenciosamente a la familia.

Mi abuela soportó muchos abusos antes de que finalmente se fuera. Mi madre soportó mucho antes de que finalmente se fuera. Soporté mucho antes de que finalmente me fuera. El patrón era evidente, y la historia se repetía claramente. Los esqueletos siguieron resurgiendo, pero nadie dijo nada durante años.

Sé que mi madre y mi abuela eran muy cercanas. De hecho, cuando nos mudamos de Nueva York a Virginia, nos mudamos a un remolque justo detrás de la casa de mi abuela. Si algo salía mal, mi madre volvía corriendo con su madre. Así de cerca estaban. Si las cosas no iban bien en su matrimonio, ella corría de regreso a casa con su madre.

No sé mucho sobre mi padre. Durante el tiempo que pasamos juntos, estuvimos muy cerca, y creo que mi madre pudo haber estado celosa de eso. Nunca tuvo la oportunidad de experimentar una relación amorosa y normal con su padre; sufrió a manos de un hombre abusivo en la casa. Puedo ver por qué me envidiaría.

Solo pasé un par de años con mi padre biológico. Mi mamá y mi papá estuvieron juntos en un momento, pero no estaban casados. Luego mi mamá dejó a mi papá y se casó con otro hombre, su primer esposo. Era de Carolina del Norte. Solo permanecieron juntos alrededor de un año porque él abusó de ella. Él la había amenazado y sacado un arma contra ella en el pasado. El tiempo y la experiencia han demostrado que el abuso solo empeora con el tiempo. Cuando mi madre estaba embarazada de ocho meses, su primer marido la golpeó tan severamente que perdió al bebé. En un ataque de ira celosa, la agredió cuando ella llegó a casa de una noche con sus amigos. Los médicos hicieron todo lo que pudieron, pero fue en vano. Era un bebé, el hijo que siempre había querido. Esa fue la gota que colmó el vaso, y finalmente dejó la relación.

Cuando era joven, mi padre biológico y yo pasmos mucho tiempo juntos yendo al cine y comiendo fuera. Sabía que mi madre estaba celosa de la relación que teníamos y que haría cualquier cosa para destruirla. En un momento en que ella lo dejó, sentí que lo estaba haciendo por despecho, para castigarnos a los dos por encontrar el tipo de amor que se le había escapado durante tanto tiempo.

Esto solo tensó aún más la relación entre mi madre y yo. A mis ojos jóvenes, mi padre era maravilloso y no podía hacer nada malo. Es cierto que era joven y no entendía todo lo que estaba pasando. Pero incluso a esa tierna edad, no podía ver ninguna razón válida por la que ella lo dejara. No la golpeó. No había abusado de ella de ninguna manera. Iba a trabajar todos los días y proveía para nuestra familia. Con su primera esposo, sabía que la había golpeado, amenazado y abusado verbalmente de ella; y ella había perdido a su bebé a causa de él. Pero con mi padre, sentí que ella no quería que tuviera una buena relación con él. A Misery le encanta la compañía, así que ella también lo dejó.

Mamá comenzó a ver a su segundo esposo mientras todavía estaba con mi papá en Nueva York. Y puedo recordar la primera vez que lo conocimos. Ella nos llevó a mí y a mi prima Verónica, a quien acogió y crió como su propia hija, a su casa. Ella le dijo a mi papá que íbamos a la iglesia.

Y lo hicimos. Todos fuimos juntos a la iglesia. Mi prima, mi madre, su nuevo novio y yo. Ella eventualmente se casaría con él. Aparentemente tenía suficiente dinero y le dio suficientes cosas materialistas para que valiera la pena. Conocimos a su familia y pasamos tiempo con ellos. Recuerdo que mi madre me indicó que no se lo dijera a mi padre.

Su nuevo novio nos cons ganó dándonos regalos. Es fácil influir en los niños, por lo que sus dones compraron nuestra aprobación. Pero todavía quería que mi familia permaneciera unida. Sabía exactamente lo que estaba pasando y lo que mi madre estaba haciendo. Pero no dije nada, porque no quería lastimar a mi papá.

En ese momento, mi madre trabajaba para el New York Financial Bank, y su novio Keith era un repartidor. Había mucho encubrimiento, escondimiento y sigilo. Salíamos a visitarlo a Staten Island. E incluso fuimos a la iglesia y cenamos juntos como una verdadera familia. Keith parecía un buen tipo, a pesar de que estaba saliendo con una mujer que ya tenía una familia y estaba comprometida, al menos parcialmente, con otro hombre. Keith era limpio, bien vestido y atractivo. Tenía una casa grande y vivía con su madre, a quien cuidaba. Tenía un buen trabajo y ganaba buen dinero, y supongo que mi madre se sentía financieramente segura con él.

Mi madre siempre quiso más. Keith pudo darle dinero, joyas y cosas así. Nunca nos quedamos sin nada, y Keith nos dio muchos regalos. A pesar de que mi padre también nos cuidaba bien, sabía que mi madre todavía lo iba a dejar. Solo quería un hombre que pudiera darle más.

Recuerdo el día en que terminó la relación. Sentí que había traicionado a mi madre. Habíamos salido a lavar la ropa en la lavandería de la esquina, y ella me envió de vuelta a la casa para conseguir un poco de detergente para la ropa. Mi padre estaba parado en el fregadero lavándose cuando entré en la casa, y me preguntó si mi madre estaba viendo a otra persona. Le dije "sí", porque sentía que necesitaba escuchar la verdad de mí.

Mi elección fue el menor de los dos males; sé honesto con mi padre y traiciona a mi madre, o guarda silencio y sigue viviendo una mentira. Mi madre llegó a casa para verme y volvimos juntos a la lavandería. Le conté a mi madre sobre la conversación con mi papá.

Lo siguiente que recuerdo es que mi madre estaba empacando rápidamente nuestras pertenencias y tirando todo en bolsas de basura. Tenía solo unos nueve años, pero recuerdo que el novio de mi madre envió un taxi para recogernos en el Bronx y llevarnos a Staten Island. Había tanta actividad en la casa, y fue la única vez que recuerdo que mi padre mostró fuerza hacia mí.

Me agarró del brazo y me dijo: "Se lo dijiste, ¿no?" Tenía tanto miedo. Sentí que se rompían y que teníamos que mudarnos era mi culpa. Nunca escuché mucho de mi padre después de eso. Me sentí culpable durante mucho tiempo y llevé esas emociones conmigo durante años.

Pasé mis años de 4º y 5º grado en Nueva York. Aproximadamente un año después, mi madre quedó embarazada de mi hermana menor. Ella y Keith habían estado juntos durante algún tiempo, pero aún no se habían casado. Después de un tiempo, decidieron mudarse de Nueva York a Virginia. Ese verano, fuimos de visita, y terminé quedándome con mi abuela mientras mis padres regresaban a Nueva York para vender nuestra casa.

Me molestaba que me dejaran atrás de nuevo. Pasé otros dos años con mi abuela antes de que finalmente me mudara de nuevo con mi madre y mi padrastro. Pasé mi infancia sintiéndome como un visitante en la casa de mi propia madre. Siempre sentí que ella elegía a los hombres por encima de mí. Su vida y estilo de vida eran más importantes que tenerme con ella.

Tanto mi hermana como yo vivimos con nuestra abuela durante unos años. Mi abuela era muy controladora y tenía mucha influencia en la vida de mi madre. Al principio, mi padrastro estaba de acuerdo con eso, pero después de un tiempo, comenzó a desgastarse. No fue hasta más tarde en la relación que se dio cuenta de lo controladora y posesiva que era mi abuela, y cuánto control tenía sobre su hogar. No pasaba nada a menos que mi abuela lo dijera. Eso eventualmente destrozaría su matrimonio. Mi madre nunca había sido una de las que tomaba muchas decisiones por su cuenta.

Básicamente solo hizo lo que otras personas le dijeron que hiciera.

Cuando estaba en 10º grado, la tensión en nuestro hogar escaló a un nivel completamente nuevo. En ese momento, había visto a mi madre entrar y salir de varias relaciones que no eran realmente buenas para ella. Comenzó a hacer trampa regularmente; primero con un compañero de trabajo, y luego con otros hombres de todo nuestro pueblo. Incluso después de casarse con mi padrastro, parecía que nunca estaba satisfecha.

Aunque teníamos una casa, coche y muebles bonitos, no era suficiente. Mi padre biológico era bueno con ella. Mi padrastro era bueno con ella, pero ella simplemente no estaba satisfecha. A veces parecía que estaba buscando problemas. Era como si estuviera más cómoda en el caos que en la calma.

El nacimiento de mi hermanito, Donnie, trajo un poco más de alegría a la vida de mi madre. Él era como la parte perdida de ella que ella había estado buscando durante todos estos años. Tal vez fue por el bebé que había perdido años antes durante su embarazo, o tal vez fue porque solo necesitaba que alguien más la amara. Pero Donnie no podía hacer nada malo, y mi hermana y yo lo resentíamos por eso. De alguna manera logró obtener todo el amor y el cuidado de nuestra madre que nunca pudimos.

Crecer y observar a mi propia familia me ayudó a determinar cómo mi vida sería diferente. Sabiendo lo mal que había sido lastimada mi madre, y sabiendo lo mal que sus relaciones intermitentes habían lastimado a nuestra familia, decidí que si alguna vez tenía hijos, me quedaría en la relación, sin importar qué. Esa decisión más tarde me costaría caro, pero estaba dispuesto a pagar el precio para mantener a mi familia intacta.

Había visto y experimentado el dolor que mi padre sentía por las otras relaciones de mi madre. Sabía lo que se sentía al pensar que mi propia madre no me amaba tanto como a un hombre que apenas conocía. Cuando era niño, eso prácticamente me rompió el corazón.

Simplemente decidí que mi vida iba a ser diferente. Y decidí que haría lo que tuviera que hacer para mantener a mi familia unida. Hacer trampa no era una opción, y el divorcio no era una opción.

Pero todo lo que me esforcé tanto por evitarlo, eventualmente lo encontraría. Todo lo que yo tenía sagrado eventualmente me haría sufrir. Desesperadamente no quería convertirme en una estadística. Pero a pesar de todos mis esfuerzos para hacer que mi matrimonio funcionara, terminé en el mismo lugar que estaba tratando de evitar tan desesperadamente.

Nada es nunca lo que parece. A mis ojos, mi padre biológico era un hombre maravilloso que no podía hacer nada malo. Y mi madre era egoísta y materialista, empeñada en destruir a nuestra familia. Pero en realidad, mi padre no era el ejemplo perfecto de hombría que yo había imaginado que era. Tampoco mi madre era glotona para el castigo. Ambos tenían sus propios problemas. Y ambos tenían razones válidas para las decisiones que tomaron.

El problema de mantener secretos y esqueletos en el armario es que un día finalmente salen y persiguen a personas que no saben nada sobre ellos. Los esqueletos y los secretos familiares eran abundantes en nuestra familia.

Pensé que mi padre se había quedado con mi madre puramente por amor. Creí que era porque quería mantener a su familia unida. Y eso era en parte cierto. Pero la otra parte era la culpa. Él se quedó y soportó su infidelidad, porque él también se había extraviado.

El secreto era una de esas cosas de las que todo el mundo susurraba, pero nadie hablaba en voz alta. Supongo que la situación era un poco demasiado cercana para la comodidad. Mi padre había engañado a mi madre. Pero no con alguna mujer extraña del otro lado de la ciudad, o con alguna novia perdida hace mucho tiempo. Hizo trampa con el primo de mi madre; una niña que había crecido en la casa con ella y la trataba como a una hermana.

Ese tipo de traición engendra ira y desprecio más profundo de lo que la mente puede imaginar. Ayudó a explicar parte del resentimiento de mi madre y parte de su quebrantamiento.

A veces parecía que mi madre no podía comprometerse con nadie ni con nada, ni siquiera con sus propios hijos. Pero en lugar de cuestionar por qué actuó de esta manera, simplemente la culpé por no amarme lo suficiente ... hasta que crecí. El novio de su madre había abusado de ella cuando era niña. Los acariciaba y los tocaba en lugares inapropiados, justo debajo de la nariz de su novia. Estaba siendo tratada como una prostituta antes de que fuera lo suficientemente mayor como para conducir. Los primeros encuentros de mi madre con hombres estuvieron marcados por comportamientos sexualmente abusivos y controladores.

Desarrolló un miedo natural y comprensible a la intimidad. Temía a los hombres. Temía el amor. Temía que su propia madre no pudiera protegerla. Y temía que las personas que amaba eventualmente la traicionaran. Tenía razón.

Ahora me doy cuenta de que mi madre no se sentía segura en ninguna parte, ni siquiera en su propia casa. Ella había sido herida y traicionada dos veces por miembros de la familia de maneras que nunca podrían ser reparadas o restauradas. Tenía derecho a temer las relaciones y los compromisos. Tenía derecho a amargarse. No podía tener una relación normal e íntima, porque realmente no sabía cómo era una.

Después de que mi mamá y mi papá se separaron, me dolió que mi padre no tratara de mantenerse en contacto conmigo, a pesar de que sabía exactamente dónde estaba. Irónicamente, durante un tiempo, mi padre vivió con mi tía (la hermana de mi madre) y su esposo mientras se volvían a recuperar y comenzaban una nueva vida por su cuenta.

Quedó claro que simplemente no estaba interesado en ser un padre para mí. No creo que los padres realmente entiendan cuánto daño hacen en la vida de un niño al no estar allí. No tener a tu padre deja un vacío que nada más puede llenar. Al crecer, habíamos estado tan cerca y lo habíamos pasado tanto.

mucho tiempo juntos, y luego nada... ni siquiera una llamada telefónica o una tarjeta en mi cumpleaños.

A veces pienso en todas las cosas que nos perdimos de hacer juntos.

Creo que las niñas aprenden sobre las relaciones de cómo sus padres tratan a sus madres y cómo sus padres las tratan. Cuando un hombre se ocupa de sus responsabilidades de amar y nutrir a su niña, es probable que atraiga a alguien que la ama y la nutre en una relación.

Pero si nunca tuvo un padre, entonces pasa toda su vida adulta buscando una figura paterna, cuando lo que realmente necesita es un hombre que la ame y la aprecie. Los padres construyen la autoestima en las niñas pequeñas y les permiten saber qué es (o no) el comportamiento aceptable de un hombre. Los buenos padres dan a sus hijas pequeñas una sensación de seguridad y protección. Los buenos padres protegen a sus hijas pequeñas del daño y les hacen saber cómo se ve el daño, para que puedan reconocerlo desde la distancia. No tener esa influencia constante alrededor puede ser devastador.

Capítulo 2: "Primer amor"

En 1988, tenía solo 14 años. Dentro de un año de conocer a mi novia de la escuela secundaria y futuro esposo, me convertiría en víctima de abuso físico, mental, verbal, emocional, financiero y sexual; y someterse al primero de tres abortos. Hubo un tiempo en que estábamos loca y profundamente enamorados. Pero mucho tiempo y mucha violencia separa dónde estábamos entonces de donde estamos ahora.

Kevin Little y yo vivíamos en un pequeño pueblo. Él estaba en Snow Hill, VA, y yo en Mineral Springs, VA. Cuando lo conocí por primera vez y me di cuenta de quién era, se dirigía a la escuela secundaria, y yo estaba terminando mi último año en la secundaria. Terminamos yendo a la misma escuela secundaria y teniendo algunos de los mismos amigos.

Era un estudiante tranquilo que hacía buenas calificaciones e hizo lo que se esperaba de mí. Yo era una autodenominada "chica buena", una "buena de dos zapatos" que no tenía nada más que un futuro prometedor por delante. Finalmente estaba viviendo una vida estable con mi madre y mi padrastro, y mis abuelas que estaban cerca. Tenía algunos amigos cercanos, que también eran mis primos, y estaba deseando ir a la escuela secundaria al año siguiente.

Los fines de semana, mis amigos y yo hablábamos por teléfono y pasábamos el rato en las casas del otro. En un pueblo pequeño como el nuestro, no había mucho más que hacer. Todavía no teníamos la edad suficiente para conducir, e incluso si lo hubiéramos sido, ninguno de nosotros podría permitirse nuestro propio automóvil.

Los veranos de 1987 eran vacaciones llenas de diversión de la tarea, los maestros y las clases. Jugamos en los patios del otro y cerca del bosque hasta que se encendieron las luces exteriores, terminando el juego de nuestro día y haciéndonos señas para que entáramos a cenar. Luego nos llamamos por teléfono después de la cena para hablar un poco más. Los veranos de 1987 eran despreocupados, como debían ser los años de la adolescencia.

Ese sería mi último verano despreocupado. Fue la última vez que trataría con "problemas de adolescentes" en lugar de "problemas de adultos". Al mirar hacia atrás en los últimos 15 años de mi vida, me doy cuenta de lo mucho que habría abrazado el verano de 1987 si hubiera sabido lo importante que sería en mi vida y que sería mi último recuerdo agradable de la infancia.

Ese año representó el final de mi juventud. Sería la última vez que no me preocupara por ser violada o quedar embarazada, por la fuerza. Sería la última vez que no me preocupara por ocultar cortes y moretones o recibir un puñetazo en la cara. Ese año sería la última vez que me sintiera seguro durante mucho, mucho tiempo.

No fue hasta esa primera semana en la escuela secundaria, en el otoño de 1988, que Kevin y yo nos conocimos y fuimos presentados formalmente. Un amigo en común nuestro le había dado a Kevin mi número de teléfono. Yo era un estudiante de primer año, y este fue el segundo año de Kevin. Yo tenía 14 años y él

15. Recuerdo claramente que no me gustaba Kevin, y esa es la verdad honesta de Dios. Pensé que era arrogante, engreído y lleno de sí mismo. Llevó "demasiado confiado" a un nivel completamente nuevo. Kevin era el único chico en la escuela que se vestía todos los días. Llevaba camisa, corbata, pantalones de vestir y zapatos de vestir. Nunca usó zapatillas para ir a

clase. Solo usaba zapatillas cuando jugaba al baloncesto. Todos los días estaba vestido para matar.

Pero cuanto más tiempo pasaba con Kevin, más me daba cuenta de que era gracioso; era realmente dulce y muy amable. Desde mi perspectiva, su arrogancia resultó ser confianza y seguridad en sí mismo. Pensé que este tipo iba a algún lugar de la vida. Tenía un amor por el baloncesto. Tenía un amor por la actuación. Estaba en el equipo de debate. Le gustaba la ciencia política y soñaba con convertirse en abogado o entrar en política. Entonces, salió a ser muy inteligente. Era un estudiante bastante bueno. Sus calificaciones eran buenas, y era simplemente popular y el Sr. Carismático.

En cuanto al equipo de baloncesto, Kevin fue uno de los principales del equipo. Básicamente, era un deportista. Pero su popularidad y estatus en el baloncesto no fueron lo que me atrajo de él. Era su carácter y cómo se me presentó. Kevin era muy limpio, al igual que mi padrastro.

Estaba pulido y preparado. Sabía que a mis padres les gustaría. Pensé que había elegido un ganador. Al principio, Kevin me persiguió y me mostró respeto. Yo era el único objeto de su afecto. Ese tipo de comportamiento realmente llama la atención de una niña de 14 años. Cuanto más hablábamos, mejor lo conocía. Era humorístico y muy cariñoso. Y así fue como me consenzó; él fue mi primer amor.

Kevin fue mi primer novio. Comí, dormí y bebí. Fue la primera persona en la que pensé por la mañana y la última persona en la que pensé por la noche. No podía esperar para ir a la escuela todos los días solo para verlo. Nos veíamos entre clases, ni siquiera almorzábamos en la escuela; pasamos todo el tiempo que pudimos juntos conociéndonos mejor. Inmediatamente nos convertimos en mejores amigos. Nunca tuve muchas novias, aparte de mis primos, así que Kevin se convirtió en mi mejor amigo. Éramos inseparables.

No era nada para nosotros pasar todo el día juntos, simplemente pasar el rato y divertirnos. Iríamos a la ciudad o iríamos al lago. Luego venía a mi casa y pasaba tiempo con mi familia y conmigo, y sus padres lo recogían por las noches.

A mi madre le gustaba porque era encantador, carismático y limpio. Kevin realmente jugó ese papel carismático para mi madre. Era tan encantador que fácilmente la contrató. A mi padrastro le gustaba bien, pero siempre desconfiaba de él; como la mayoría de los padres son cuando sus hijas comienzan a salir.

Una tarde, Kevin y yo estábamos sentados en el porche delantero. Hacía bastante frío, aunque el invierno no había llegado del todo. En el patio, había pocas señales de que el clima frío estaba en camino. Quedaban algunas flores junto al porche y algunas hojas marrones que caían de los árboles y bordeaban el patio. Kevin parecía distante ese día, como si su mente estuviera a un millón de millas de distancia. "Sucedió de nuevo", dijo. "¿Qué pasó?", le pregunté. Una de las cosas que más me gustó de nuestra relación fue que podíamos contarnos todo.

"La lucha. Es como si nunca dejaran de pelear", dijo. "Después de todos estos años, no puedo creer que todavía estén luchando y discutiendo". Los padres de Kevin se habían casado temprano, como la mayoría de las parejas en esos días. Ambos eran profesionales con educación universitaria y trabajadores. Su madre parecía estar preparada y confiada, definitivamente no era el tipo de mujer que se sentaría y no haría nada mientras algún hombre la golpeaba. Pero las apariencias pueden ser engañosas. Trabajaba para el estado de Virginia y había sido empleada desde hacía mucho tiempo. Su padre era dueño de un negocio e instructor a tiempo parcial en el colegio comunitario local.

Kevin dijo: "Llegué tarde a casa de la práctica de baloncesto y pude escuchar a mi madre gritando pidiendo ayuda. Cuando entré, vi a mi mamá en el piso de rodillas con los brazos envueltos alrededor de las piernas de mi papá mientras él la golpeaba en la espalda con un cinturón. Ella le rogaba y le rogaba que no la golpeara de nuevo, y que le perdonara la vida. Nunca había visto nada tan patético. Miré a mi madre y sus ojos parecían estar pidiendo ayuda. Acabo de entrar en mi habitación y encendí mi radio. Ya no quería oírlos pelear.

"La forma en que la trató fue inhumana. Mi madre va a trabajar todos los días; tiene 12 personas trabajando a sus mosases, y cuando llega a casa, tiene que rogarle que no la golpee. La otra noche, le impedí perseguirla afuera con un arma. Quería involucrar a la policía, pero eso habría puesto a mi padre de nuevo. Su filosofía es: 'Lo que sucede a puerta cerrada se queda a puertas cerradas'".

Kevin tomó una ramita por su pie y la rompió en pequeños pedazos. Simplemente nos sentamos uno al lado del otro en silencio. Sabía que Kevin todavía estaba pensando en sus padres y si volverían a pelear cuando llegara a casa esa noche. Estaba pensando en lo contento que estaba de que Kevin no se pareciera en nada a su padre. Estaba feliz sabiendo que nunca me golpearía ni abusaría de nuestra familia.

Sabía que tanto mi abuela como mi madre habían sufrido a manos de un abusador, pero iba a romper ese ciclo. Iba a ser diferente. Kevin era inteligente, divertido, inteligente, encantador y educado. Él y yo íbamos a tener una gran familia y un futuro maravilloso juntos.

Los padres de Kevin presentaron una buena fachada. Siempre parecían que deberían ser felices. Eran una de las pocas familias en su comunidad que ya habían logrado el "sueño americano". Parecían tener la vida perfecta. Ambos padres trabajaban a tiempo completo y tenían buenos trabajos. Tuvieron dos hijos estadounidenses; ambos eran inteligentes, atléticos y populares. Asistieron juntos a reuniones familiares y eventos deportivos. Apoyaron a Kevin y a su hermano Kendall en todos los sentidos, asistiendo juntos a sus partidos de baloncesto, béisbol y fútbol americano y dándoles todo lo que querían y necesitaban.

Decir que Kevin y Kendall fueron mimados es quedarse corto. Los padres de Kevin le dieron a él y a su hermano todo lo que querían. Llevaban ropa de marca todo el tiempo. Compraban ropa nueva cada temporada y compraban fuera de la ciudad, para que nadie tuviera la misma ropa que ellos. Iban a conseguir autos nuevos cuando cumplieran 16 años y obtuvieran sus licencias de conducir. Estaban podridos hasta la médula. Si Kevin y Kendall lo querían, lo consiguieron. A los ojos de sus padres, esos dos niños no podían hacer nada malo. Incluso cuando estaban equivocados, tenían razón.

Pero supongo que nunca se sabe realmente lo que está pasando a puerta cerrada. La familia de Kevin se veía perfecta desde el exterior, pero en realidad, la Sra. Little estaba luchando por mantener a su familia unida. El dinero, la educación y las casas grandes no hacen que las familias sean inmunes a la violencia y el abuso.

Es muy fácil estereotipar el tipo de personas que creemos que están en riesgo de abuso, pero nadie se enamora de un abusador. Esa parte de la personalidad no aparece hasta más tarde, cuando no es tan fácil simplemente alejarse.

La voz de mi madre rompió mi concentración. Estaba oscureciendo, y Kevin y yo habíamos estado sentados en el porche tomados de la mano y hablando durante horas. "Whitney, se está haciendo tarde. Tenemos iglesia mañana por la mañana. Ustedes dos necesitan decir buenas noches. Kevin, ¿tus padres vienen a buscarte o necesitas un viaje a casa?"

"Sí, señora", dijo. "Gracias por preguntar, pero mis padres deberían estar aquí en cualquier momento". Era muy educado.

Había mucho que me gustaba de él, pero siempre hay dos lados en cada historia.

Habían pasado varios meses desde que comenzamos a salir, y nuestras calificaciones comenzaban a caer debido a la enorme cantidad de tiempo que pasábamos juntos. Kevin y yo perdimos interés en todo lo demás, excepto el uno al otro. Ambos grupos de padres se preocuparon de que pasáramos tanto tiempo juntos, pero no hay mucho que puedas decir a dos adolescentes enamorados.

Trataron de regular la cantidad de tiempo que pasamos juntos, y eso fue desastroso. Kevin y yo lloramos en los brazos del otro cuando descubrimos que nuestros padres estaban tratando de separarnos. Éramos como un Romeo y Julieta modernos, decididos a estar juntos de una manera u otra. Cuando nuestros padres se dieron cuenta de lo serios que éramos, acordaron dejarnos seguir viéndonos si acordábamos concentrarnos más en la escuela y mejorar nuestras calificaciones. Lo intentamos, pero nuestros esfuerzos sirvieron de poco y no duraron mucho.

Kevin me dijo que desde la primera vez que me vio, sabía que iba a ser su esposa. Éramos todo el uno para el otro. Todo mi tiempo, energía y enfoque estaban en Kevin. Y todo su tiempo, energía y enfoque estaban en mí. Hablábamos en secreto hasta las 2:00 o 3:00 de la mañana todos los días, incluso en las noches escolares. Kevin tenía mucha flexibilidad con sus padres. Debido a que era un buen niño, popular, atlético y que le iba bien en la escuela, no tenía un toque de queda ni reglas estrictas que seguir, lo que resultó en su total falta de respeto por la autoridad y la estructura en su vida. Yo, por otro lado, tenía un toque de queda estricto y no podía salir tanto como él, pero aprovechamos al máximo el tiempo que pasamos juntos. En su mayor parte, ambos éramos buenos niños, y no estábamos haciendo nada malo, por lo que nuestros padres nos dejaron seguir viéndonos cada vez más. No había nada sexual en nuestra relación, simplemente pasamos todo ese primer año enamorándonos y conociendo todo sobre el otro.

Las personas siempre preguntan a las víctimas y sobrevivientes de violencia doméstica por qué no se van, o cómo pueden quedarse con un hombre que las trata tan mal. Pero ese es uno de los mayores conceptos erróneos sobre las relaciones abusivas. Nadie se enamora de un abusador. Me enamoré de mi mejor amigo. Era divertido, cariñoso, amable y carismático. Esa es la personalidad que me vendió. Eso es lo que yo creía que era. Nunca había visto nada en su personalidad que no sea este maravilloso joven a quien me permitió ver. Aunque sabía que había algunos problemas con su mamá y su papá, nunca vi ninguna de esas tendencias en Kevin. No tenía ninguna razón para pensar que alguna vez me pondría una mano. No tenía ninguna razón para pensar que alguna vez haría algo para destruir la vida perfecta que habíamos planeado juntos. Y para cuando me di cuenta de quién era realmente, ya estaba profundamente enamorada de él.

Cuando amas a alguien, es difícil encender y apagar esos sentimientos como un grifo. El amor no funciona de esa manera. Quería que nuestra relación funcionara, y quería que seamos felices juntos. El amor es incondicional. No importa lo que alguien que amas diga o haga, tu corazón te hace querer seguir amándolo. A ninguna víctima de abuso le gusta ser abusada. Ninguna persona en una situación de violencia doméstica planea o desea estar en esa situación. En algún momento de la relación, hubo amabilidad, ternura y amor.

Cuando me miro en el espejo, sé que soy uno de los afortunados porque en realidad salí vivo. Muchos otros no lo hacen. Basándome en mis propias experiencias, estoy tomando las lecciones que aprendí, y estoy usando esa información para ayudar a otras personas, particularmente a las mujeres jóvenes, a reconocer las señales de advertencia de una pareja abusiva. Mi objetivo es ayudar a otros a evitar cometer los errores que cometí. En las relaciones de violencia doméstica, la vida de alguien está en juego.

Cuando miro hacia atrás en los últimos 15 años de mi vida, veo muchas cosas que habría hecho de manera diferente. La retrospectiva tiene una visión 20/20. Pero había muchas cosas que no sabía. No estaba informada sobre relaciones saludables, sobre hombres, sobre sexo o incluso sobre mi propio cuerpo.

La conversación que mi madre tuvo conmigo sobre los "pájaros y las abejas" y lo que mi cuerpo estaba experimentando a los 14 años, duró menos de un minuto. Había ido al baño y noté que había grandes gotas de sangre en mis bragas. Lo único que sabía era lo que había escuchado en la escuela. Tenía mucha información errónea sobre cómo comenzar mi ciclo menstrual, y estaba equipada con muchos rumores falsos sobre el sexo. Entonces, fui a ver a mi madre, con la esperanza de que, dado que mi período había llegado, ella aclararía algunos de los malentendidos para mí.

Recuerdo haber ido a la habitación de mi madre donde había estado tomando una siesta. Le dije que pensaba que mi período estaba comenzando. Ella dijo: "Solo ve a ponerte una almohadilla". Ese fue el final de la conversación. Se dio la vuelta y volvió a dormir. Todo lo demás que aprendí sobre mi cuerpo y mi sexualidad, lo aprendí por mi cuenta. Ese es uno de los mayores errores que un padre puede cometer es no dejar que sus hijos aprendan la verdad sobre la vida de ellos. La educación sexual en el patio de la escuela es mortal.

No sabía que el inicio de mi ciclo menstrual significaba que ahora era capaz de quedar embarazada. No me di cuenta de que el sexo podría tener consecuencias tan graves. Y no entendía que aunque mi cuerpo estaba listo para tener un hijo, yo no lo estaba.

A pesar de las dificultades que encontramos en nuestra relación, por ejemplo, la desaprobación de los padres, la caída de las calificaciones, etc., Kevin y yo superamos nuestro primer año de citas, y para nosotros, todo fue maravilloso. Ahora pensábamos que éramos lo suficientemente maduros como para elevar nuestra relación al siguiente nivel. Pero no íbamos a ser descuidados o imprudentes como otros adolescentes y tener relaciones sexuales de improviso. Hablamos de nuestra relación y planeamos nuestro primer encuentro íntimo.

Toda la semana previa a nuestra primera "gran noche", estuvo llena de nerviosismo y emoción. En mi mente, tener relaciones sexuales con Kevin solidificaría nuestra relación. Ya estábamos enamorados, pero este sería el paso final para asegurar nuestra relación. Íbamos a estar juntos para siempre. Debido a que Kevin era un año mayor que yo, confié en que él estaba más informado y tenía más experiencia que yo. En realidad, ambos éramos vírgenes, y ambos demasiado jóvenes para entender en qué nos estábamos metiendo. Él no sabía más que yo.

Sucedió que mis padres estaban programados para trabajar el sábado y yo estaba en casa cuidando niños, así que Kevin y yo tuvimos algo de tiempo para nosotros mismos. Puse un video de dibujos animados en el VCR para que los niños lo vieran, y Kevin y yo fuimos a mi habitación. Quería que esta noche fuera especial.

Este era el momento con el que había soñado. Kevin y yo estábamos a punto de tomar la decisión más importante de nuestras vidas y comprometernos físicamente el uno con el otro de por vida. Kevin se quitó la camisa y me acercó a él. Me besó una vez y me abrazó. Nos acostamos en la cama y él me desnudó. Me daba vergüenza estar desnuda, y nunca antes había visto un pene. No estaba seguro de qué hacer a continuación.

Las telenovelas hacían que el sexo pareciera mágico. Mi primera vez parecía incómoda, y tampoco estaba seguro de si Kevin sabía lo que estaba haciendo. Se subió encima de mí, y lo sentí entrar dentro de mí. Respiraba con dificultad y gruñía. Simplemente me aloré allí con él entre mis piernas. Tres minutos después, terminó y me sentí como una mujer. Poco sabía, yo también estaba embarazada.

Habíamos hablado de que nuestra primera vez era especial. Hablamos sobre cómo nos sentíamos el uno por el otro. Hablamos de nuestro futuro juntos. Pero nunca hablamos de las consecuencias de nuestras acciones. Y no creo que ninguno de nosotros entendiera realmente en lo que nos estábamos metiendo. No usamos protección, y definitivamente no estaba en ningún tipo de control de la natalidad. Solo íbamos a esperar lo mejor. Ese era nuestro plan, y fracasó.

Kevin y yo pasamos todo el verano juntos. Hubo poca interferencia externa, por lo que pudimos centrarnos únicamente el uno en el otro. Pasamos todo nuestro tiempo en el lago y haciendo planes para nuestro futuro. Los veranos siempre fueron tiempos felices para nosotros.

Unas semanas antes de que comenzara la escuela, ambos nos estábamos preparando para un nuevo año. Fui a las tiendas locales para comprar ropa escolar, mientras que Kevin salió de la ciudad a los centros comerciales y tiendas especializadas para hombres. Mi ropa estaba "fuera del estante", pero la suya era "única en su clase".

No fue hasta que comenzó la escuela que noté que la personalidad de Kevin comenzaba a cambiar. Kevin me quería todo para sí mismo, y verme hablando con alguien más lo puso celoso. Al principio, me sentí halagado. Más tarde, se convirtió en un problema. Me acusó de ver a otros tipos, lo cual no era cierto. Pero en represalia, comenzó a coquetear con otras chicas, y eso me volvió loca.

Ahora que habíamos comenzado a tener relaciones sexuales, Kevin sintió como si yo "perteneciera" a él. Comenzó a actuar muy posesivo y controlador. Quería saber cada movimiento que hacía. Por primera vez, me acusó de mentir, y se hizo evidente que ya no confiaba en una palabra que dije.

Kevin y yo habíamos estado en desacuerdo toda la semana, y estaba cansado de defenderme ante él. Nunca olvidaré, era un viernes, estábamos teniendo nuestra primera discusión en toda regla, y las cosas se estaban poniendo bastante mal. Simplemente no nos estábamos llevando bien. Esa tarde después de la escuela, todavía estábamos gritando sobre los desacuerdos del día. Normalmente, habríamos pasado varias horas más en el teléfono, hablando hasta la madrugada. Pero este día, nuestra conversación terminó alrededor de las 4:00 p.m. Le grité al teléfono y lo golpeé mientras él todavía estaba hablando. Finalmente, ya había tenido suficiente. Tan pronto como el teléfono golpeó el receptor, una gran cantidad de sangre y agua brotó por mi pierna hacia el suelo. Me preocupaba, porque no sabía lo que estaba pasando. Pero no hice nada al respecto. Inmediatamente volví a llamar a Kevin y le conté lo que acababa de suceder. Ambos estábamos confundidos y no éramos conscientes de la gravedad de la situación. Pero al menos esto nos dio la oportunidad de hablar y compensar.

Cuando mi mamá llegó a casa del trabajo, le conté lo que estaba pasando. No le hice saber lo grave que era, y no parecía demasiado preocupada. Pensé que el sangrado abundante era solo parte de mi ciclo menstrual habitual. Durante las siguientes 10 horas, estuve constantemente en el baño en el que orinaba sangre.

A las 2:00 a.m., todavía estaba sangrando, pasando pesados coágulos de sangre, agua y tejido "parecidos a uvas". En realidad, estaba sangrando; desangrándose lentamente hasta la muerte. A estas alturas tenía miedo, y sabía que algo estaba definitivamente mal.

"¡Mamá! Creo que algo anda mal", le dije. "¡Mira! Hay sangre en toda mi ropa, y también en todo el piso de mi habitación. He estado sangrando muy fuertemente desde esta tarde. Pensé que era mi período, ¡pero algo anda mal! ¿Qué crees que me pasa?", le pregunté.

Instintivamente, mi madre ya sabía lo que estaba mal. Fue lo primero que me preguntó. "Whitney, ¿has estado teniendo relaciones sexuales?"

"No", mentí.

"Te voy a preguntar de nuevo ... ¿Has estado teniendo relaciones sexuales? También podrías decir la verdad porque te llevo al médico, y si estás embarazada, lo voy a averiguar".

¿Embarazada? El pensamiento nunca pasó por mi mente.

"Sí, señora. Kevin y yo tuvimos relaciones sexuales un par de veces, pero no estoy embarazada", le dije. "Veremos... ponte el abrigo y vamos". Primero recogimos a mi abuela y luego nos dirigimos directamente al hospital.

Cuando llegamos a la sala de emergencias, me diagnosticaron un "embarazo lunar" e inmediatamente me enviaron a una sala de operaciones para un D&C de emergencia. Un D &C (dilatación y legrado) del útero es un procedimiento de interrupción del embarazo. Se inserta un pequeño dispositivo de vacío en el útero, bajo anestesia, para abortar el embarazo y extraer el tejido fetal. Todo esto era nuevo para mí. Estaba aterrorizada y no estaba segura de si iba a vivir o morir. Esto es lo que descubrimos sobre mi embarazo:

Embarazo molar "topo": los embarazos molares son una complicación poco común y muy aterradora del embarazo. El término médico formal para un embarazo molar es "lunar hidatiforme". En pocas palabras, un embarazo molar es una anormalidad de la placenta (después del parto), causada por un problema cuando el óvulo y el espermatozoide se unen en la fertilización. La siguiente es una breve reseña de este tema. (Cerro)

Tipos de embarazo molar

Hay dos tipos de embarazo molar, completo y parcial. Los embarazos molares completos solo tienen partes placentarias (no hay bebé) y se forman cuando el esperma fertiliza un óvulo vacío. Debido a que el huevo está vacío, no se forma ningún bebé. La placenta crece y produce la hormona del embarazo, llamada HCG, por lo que la paciente cree que está embarazada. Desafortunadamente, una ecografía (a veces llamada ecografía) mostrará que no hay bebé, solo placenta. Un lunar parcial ocurre cuando dos espermatozoides fertilizan un óvulo. En lugar de formar gemelos, algo sale mal, lo que lleva a un embarazo con un feto anormal y una placenta anormal. El bebé tiene demasiados cromosomas y casi siempre muere en el útero. (Cerro)

Mi madre llamó a Kevin y a sus padres para hacerles saber lo que estaba pasando. Kevin y su padre se presentaron en la sala de emergencias alrededor de las 3:00 a.m. Mi mamá explicó lo que había sucedido, y sorprendentemente nadie se enojó ni comenzó a gritar.

De hecho, nuestros padres nos perdonaron y dividieron los costos de las facturas médicas. Estaba conmocionado y aliviado.

El médico me dijo que si volvía a quedar embarazada dentro de un año, podría morir. Se nos informó que los embarazos de lunares podrían reaparecer, incluso después de un D&C completo, y causar algún tipo de trastorno sanguíneo. Aprendí que los embarazos recurrentes de lunares tenían la capacidad de hacer metástasis y propagarse como el cáncer, lo que requería tratamiento de quimioterapia. Por primera vez, mi relación con Kevin había puesto mi vida en peligro.

Honestamente, pensé que el médico solo estaba diciendo eso para asustarnos a Kevin y a mí, y para evitar que tengamos relaciones sexuales a una edad tan temprana. No parecía que nadie quisiera que estemos juntos. En su mayor parte, tomé en serio las advertencias del médico, pero ninguno de nosotros realmente creía que pudiera morir. Más tarde descubriría que todo lo que el médico nos dijo era cierto; no fue un intento de asustarnos. Fue un intento de salvarme la vida.

Seguimiento del embarazo de lunares

Después de evacuar un embarazo molar, es de vital importancia que la paciente consulte a su médico con frecuencia, ya que los embarazos molares pueden reaparecer. El seguimiento generalmente consiste en una radiografía de tórax de referencia, revisión de la muestra de patología, examen físico de la vagina y el útero cada dos semanas hasta que el útero vuelva a la normalidad; luego, cada 3 meses durante un año, anticoncepción como la píldora o la inyección sin ningún intento de quedar embarazada durante 1 año y, lo más importante, los niveles semanales de HCG en la sangre hasta cero y luego cada mes durante un año. Muchas mujeres se sienten frustradas cuando su médico recomienda esperar un año para quedar embarazadas. Esto es realmente importante, porque un aumento en los niveles de HCG puede indicar un embarazo normal cuando la paciente está tratando de quedar embarazada, o un embarazo molar recurrente, que requiere quimioterapia. Para evitar esta confusión, los médicos generalmente recomiendan un período de 1 año sin quedar embarazada. (Cerro)

Pasar por este evento traumático solo nos acercó a Kevin y a nosotros. Ahora que habíamos enfrentado una crisis juntos, éramos un equipo. Éramos una familia. Aunque solo teníamos 15 y 16 años, sentíamos que nuestra relación era madura ya que estábamos lidiando con problemas de adultos. Ninguno de los dos había aprendido la lección, y no prestábamos atención a las señales de advertencia que todos a nuestro alrededor estaban enviando.

A pesar de que la idea de quedar embarazada de nuevo me asustaba, todavía amaba a Kevin y quería estar con él en todos los sentidos. Nada ni nadie se iba a meter en el camino de eso.

A estas alturas, Kevin y yo estábamos en la escuela secundaria y todavía estábamos muy enamorados. Habíamos concebido y perdido un hijo juntos, y no había nada más que queríamos hacer que pasar cada momento de vigilia juntos sanando y nutriendo nuestra relación.

Yo era un estudiante de segundo año y Kevin era un junior. Y aunque era el jugador de baloncesto estrella de nuestra escuela secundaria, decidió dejar de practicar deportes para pasar más tiempo conmigo. Nunca le pedí que dejara de jugar al baloncesto, o de hacer cualquier cosa que disfrutara, por mí. Quería que jugara al baloncesto porque sabía que le encantaba el juego. Fue como si Kevin renunciara a su sueño de hacerme feliz; él me culparía por ello el resto de nuestras vidas. Nunca había visto a tanta gente decepcionada y enojada por una decisión en toda mi vida. Los padres de Kevin casi tuvieron un ataque cuando les dijo que ya no iba a jugar al baloncesto.

Sabían sin lugar a dudas que estaba destinado a jugar en la NBA. Pero debido a que estaba enamorado de mí, iba a arruinar su futuro y los sueños que tenían para él. Los entrenadores estaban indignados, porque sabían que su temporada ganadora estaba ahora en peligro. Algunos de sus compañeros de equipo dejaron de hablar con él después de rogarle que volviera al equipo no funcionó. Mis padres tampoco estaban contentos, porque dejar el equipo significaba que Kevin tendría aún más tiempo libre para pasar conmigo.

Durante el otoño de 1989, Kevin y yo estuvimos juntos más que nunca. Fue entonces cuando comencé a ver un lado de él que nunca imaginé posible. Pensó que, dado que había renunciado al baloncesto por mí, debería darle lo que quisiera, cuando él quisiera. A medida que pasaban las semanas, se volvió cada vez más controlador y comenzó a exhibir un comportamiento muy celoso.

Se preguntó qué llevaba puesto en la escuela, quiénes eran mis amigos, por qué me tomaba tanto tiempo en el baño, dónde había estado si estaba fuera de su vista, y todo lo demás que puedas imaginar. No interpreté su comportamiento como señales de advertencia de un abusador. Simplemente los tomé como demasiado preocupados por su novia. Después de todo, estábamos planeando tener una vida juntos. Tenía derecho a saber dónde estaba.

Temprano un sábado por la noche, mi madre nos pidió a Kevin y a mí que fueramos a la tienda para que ella recogiera algunas cosas que necesitaba para la cena. A estas alturas, Kevin tenía su licencia de conducir, así que nos fuimos. Nos encantó ir juntos a la tienda porque nos permitía estar solos juntos y salir de la casa.

"Whitney, dile a tu madre que vamos a una fiesta esta noche. Quiero que pasemos un tiempo juntos. Han pasado unas semanas desde que estuvimos juntos, y ya sabes lo que quiero".

Me horrorizó que incluso sugiriera que durmiéramos juntos después de que me hubieran dado una sentencia de muerte si volvía a quedar embarazada dentro de un año. Le dije: "No, no quiero mentirle a mi mamá, y no quiero ir a ninguna fiesta. Y definitivamente no vamos a tener relaciones sexuales. ¿No recuerdas lo que me dijo el médico?"

"Lo sé, pero bebé, te amo mucho", dijo. "Solo quiero estar contigo. ¿Qué hay de malo en eso?", preguntó.

"Bebé, yo también te amo, pero simplemente no quiero arriesgarme a quedar embarazada de nuevo".

"Escucha, sé que nos equivocamos una vez, pero esta vez usaré un condón. Usaré un condón y me retiraré antes de tiempo. ¡Bebé, por favor! Solo quiero pasar un tiempo contigo. Dile a tu madre que vamos a una fiesta esta noche. ¿De acuerdo?"

"No, no, no. Kevin, no quiero hacer esto. Y tampoco quiero empezar a pelear. Solo déjalo caer, ¿de acuerdo?"

Me di cuenta de que se estaba agitando conmigo. "No, no está bien. Paso todo mi tiempo contigo", dijo. "Dejé el baloncesto por ti. Estoy atrapando el infierno en casa gracias a ti. Todo lo que quiero hacer es pasar tiempo contigo, y actúas como si no quisieras estar conmigo. ¿Con quién más estás jugando? ¡Eh, dime!"

Respiré hondo y dije: "Solo córtalo, Kevin. No estoy jugando con nadie. Te amo, lo sabes. Simplemente no quiero ir a ninguna fiesta estúpida, y no creo que debamos seguir teniendo relaciones sexuales después de lo que sucedió. ¡Solo llédame de vuelta a casa!"

Todavía puedo imaginar en cámara lenta lo que sucedió después de eso. Recuerdo que le grité a Kevin que me llevara de vuelta a casa, y lo siguiente que sentí fue la palma de su mano cruzando el costado de mi cara. Me quedé atónito. Él también.

Las lágrimas corrían por mi cara como una cascada. No escuché nada más que tuviera que decir.

"¡Oh, Dios mío! Bebé, lamento mucho haberte golpeado. Lo juro por Dios, nunca te volveré a golpear. No sé qué pasó. Lo perdí por un minuto, pero juro que nunca volverá a suceder. Estaba frustrado porque parecía que ya no me amabas, y actuabas como si no quisieras estar conmigo. Bebé, ¿me estás escuchando? Lo siento mucho. Perdóname, por favor. Nunca te volveré a golpear. ¿Me escuchaste ... ¿miel? Lo siento. Oh Dios, por favor no le digas a tus padres lo que pasó. Lo juro, fue un error, y nunca lo volveré a hacer. Lo siento. Lo siento mucho".

Me senté en el asiento del pasajero llorando.

El viaje de 10 minutos de regreso a casa parecía para siempre. Kevin suplicó perdón todo el tiempo, y yo me senté en silencio, frotándome la cara en el lugar donde su mano me había golpeado. Mil pensamientos pasaron por mi mente.

'¿Cómo podría golpearme?' Por mucho que Kevin odiara lo que su padre le estaba haciendo a su madre, no podía creer que se estuviera convirtiendo en la misma persona. Me había jurado que nunca, nunca golpearía a una mujer.

No entendía el comportamiento de su padre y no quería ser como él. Kevin había sido testigo de primera mano de cómo el abuso podía destruir una relación, y me golpeó de todos modos.

Para cuando me dejó frente a mi casa, había decidido que todo el incidente era mi culpa. Tenía razón. Si hubiera aceptado decirle a mi madre que íbamos a una fiesta juntos, nada de esto habría sucedido. Si lo hubiera escuchado, no se habría enojado conmigo. Ya habíamos sido íntimos, así que no era como si me estuviera obligando a hacer algo que no quería hacer. Él solo estaba tratando de encontrar una manera de que pasáramos más tiempo juntos. Solo sería más cuidadoso en el futuro y no lo haría enojar. Kevin y yo nos amábamos y queríamos estar juntos. En mi opinión, esto tenía mucho sentido.

Kevin se detuvo frente a mi camino de entrada y apagó los faros del auto. Tomó mi mano en su mano y me miró profundamente a los ojos.

"Cariño, lamento mucho haberte golpeado. Lo juro, nunca volverá a suceder. Prométeme que no se lo vas a decir a nadie. Fue solo un accidente. Nunca tendrás que preocuparte de que vuelva a poner mis manos sobre ti. Si sus padres se enteran de lo que sucedió, es posible que ya no nos dejen vernos.

"Simplemente no digas nada. Quiero que vayas directamente al baño y te pongas una toallita fría y húmeda en la cara para que la hinchazón disminuya. Luego ve directamente a tu habitación y asegúrate de que nadie vea tu cara. No salga hasta que la hinchazón y el enrojecimiento hayan disminuido.

"¿Me escuchas? Recuerde, si alguien lo ve, es posible que no volvamos a vernos. Bebé, te amo. Lo prometo, nunca volverá a suceder".

Me besó la mano y se secó las lágrimas de mi cara. Luego me besó suavemente en la frente y observó cómo salía del auto y volvía a entrar en la casa. Cuando llegué a la puerta, me había convencido de que toda la situación era solo un malentendido; realmente fue un accidente. Pero mi madre tuvo una reacción completamente diferente.

Había decidido ir a la entrada lateral de la casa donde se encontraban la lavadora y la secadora para evitar encontrarme con nadie. Lo que no sabía era que mi madre había comenzado a lavar la ropa mientras esperaba a que volviera de la tienda. Cuando abrí la puerta, ella estaba parada justo frente a mí. Lo primero que vio fue la huella de la mano de Kevin en mi cara.

"Oh, Dios mío, ¿qué pasó con tu cara, Whitney? ¿Te golpeó ese pequeño punk? ¿Qué pasó?" Antes de que tuviera la oportunidad de responder, mi madre había corrido afuera a mi lado para ir tras Kevin; pero afortunadamente ya se había marchado. Al instante, mi madre estaba hablando por teléfono con los padres de Kevin contándoles lo que sucedió. Allí mismo, por teléfono, ella terminó nuestra relación por mí.

Estaba enfurecida. Nunca había visto a mi madre tan enojada. Mirando hacia atrás, supongo que parte de su ira vino de saber lo que era ser abusada. Su madre lo había sufrido, lo había sufrido, pero no me iba a dejar cometer los mismos errores y sufrir el mismo tipo de abuso que habían soportado durante tanto tiempo.

Cuando los padres de Kevin lo confrontaron sobre lo sucedido, él lo negó. Los miró directamente a la cara y mintió. Eso debería haberme convencido de que él no era realmente quien pretendía ser. Pero lo amaba, y pensé que merecía otra oportunidad.

El resto de la noche con mi madre y mi abuela se convirtió en una sesión de intervención de abuso. Se negaron a dejarme en paz hasta que entendí qué tipo de persona era realmente Kevin.

"Miel Whitney, no tienes que soportar ese tipo de desorden", dijo mi abuela. "Eres una chica joven y bonita y muchos chicos agradables están interesados en ti. Sé que crees que estás enamorado de Kevin, pero cariño, si te golpea una vez, lo volverá a hacer. ¡Dile, Anita!"

"Mamá tiene razón Whitney. Sé que lo amas, pero este chico no es más que un problema. Ya te has quedado embarazada, y ahora él te está golpeando. ¿Qué más tiene que pasar antes de que te des cuenta de que él es un problema? Necesitas alejarte de él mientras puedas. Está allí con sus padres en este momento actuando como si nada hubiera pasado. Ese pequeño punk mentiroso ni siquiera se hizo con los suyos de sus errores. Te mereces algo mejor, Whitney. No te criamos para que no soportara ningún lío de ningún hombre. Cariño, solo tienes 15 años. Tienes toda tu vida por delante. No dejes que este chico arruine tu vida.

Hablaban y hablaban y hablaban. Pero había dejado de escuchar. Nadie entendía a Kevin como yo. Solo me había golpeado una vez, y juró que nunca volvería a suceder. Le creí. Pero mi madre y mi abuela no lo hicieron.

Porque cada vez que alguien me decía que rompiera con Kevin y me alejara de él, Kevin hacía otra cosa para disculparse y compensar su error. Envió cartas, tarjetas y flores. Llamaba al menos 10 veces al día. Me rogó y me suplicó que le diera otra oportunidad. Sus disculpas fueron incesantes, y una vez más, me consenzó. En mi corazón, sabía que él me amaba, y eso era lo suficientemente bueno.

La relación entre mi padrastro y yo comenzó a deteriorarse después de que quedé embarazada y aborté. Para empeorar las cosas, cuando se enteró de que Kevin me había golpeado, se enfureció y nos prohibió volver a vernos. Pero amaba a Kevin, y eso era todo lo que importaba. Literalmente no hablé con mi padrastro durante más de un año, a pesar de que vivíamos bajo el mismo techo. Mientras él desaprobaba mi relación con Kevin, no había nada más de qué hablar. Desafortunadamente, mi madre estaba dividida entre su esposo y yo y no sabía de qué lado tomar. Al final, gané.

Me tomó un par de semanas cambiar la opinión de mi madre sobre Kevin y yo. Por primera vez, estaba haciendo toda la mendicidad y convencimiento para que ella nos permitiera vernos de nuevo. Honestamente puedo decir que me había convertido en el maestro manipulador de la relación. Supongo que mi madre no quería que nuestra relación terminara como la relación entre mi padrastro y yo, así que cedió.

En nuestra primera noche de nuevo juntos, mi madre nos permitió a Kevin y a mí ir a un partido de baloncesto y cenar. Tenía toda la intención de asistir, pero por supuesto Kevin tenía una agenda diferente. Asistimos al primer trimestre para que si mi mamá le preguntaba a alguno de sus amigos si estábamos o no allí, me decían que sí. Y luego nos fuimos. Terminamos en un viejo camino de tierra que conducía a un lago.

Kevin estacionó el auto y apagó el encendido. Luego se volvió hacia mí y puso su mano suavemente en el costado de mi cara. "Eres tan hermosa", me dijo. "Te quiero mucho, Whitney. Por favor, no me dejes nunca más. No sé qué haría sin ti".

Lo miré profundamente a los ojos y le dije: "Vamos a estar juntos para siempre. Te quiero muchísimo. No me importa lo que diga nadie. Tú y yo estábamos destinados el uno para el otro". En poco tiempo, estábamos en el asiento trasero haciendo. Estar enamorado fue maravilloso. Estaba con el hombre de mis sueños, y fue la sensación más maravillosa del mundo.

"Déjame hacerte el amor, Whitney. Solo quiero compensar lo que sucedió. Solo quiero estar contigo".

"Vamos, Kevin. Usted sabe lo que dijo el médico. No volvamos a pasar por esto".

"Bebé, por favor. No tenemos mucho tiempo, hagámoslo".

"No". Ya había logrado desenganchar mi sujetador y desabotonar mis jeans. Sus manos estaban sobre mí. Y mientras no vayamos demasiado lejos, se sintió maravilloso. Pero cuanto más trataba de resistirme, más insistente se volvía.

"Maldita sea, Whitney. ¿Qué demonios te pasa? Pensé que me amabas. Pensé que querías estar conmigo. Te lo he dado todo. Te llamo todos los días. Te a pie a clase. Dejé el baloncesto por ti. Me faltó a clase para venir a verte. Todo el mundo me odia por tu culpa. ¿Qué más quieres de mí? Todo lo que quiero es estar contigo y pasar algún tiempo contigo. ¿Es mucho pedir?"

"Kevin, no quiero que empecemos a pelear de nuevo. Simplemente no quiero hacer esto. Sabes que te amo, y me encanta pasar tiempo contigo. Pero el médico dijo que si me quedo embarazada de nuevo, podría morir. ¡Si realmente te preocupas por mí, lo entenderías!"

"¿Qué, crees que no me preocupo por ti? Sabes que eso no es cierto. Haría cualquier cosa por ti. Solo quiero estar contigo". Metió la mano en el bolsillo de sus pantalones y sacó un par de condones.

"Mira, incluso traje protección para mostrarte cuánto me preocupo por ti. Solo quiero estar contigo". Le rogué y le supliqué todo el tiempo que se detuviera, pero no lo hizo. Me inmovilizó en la parte trasera del auto y me arrancó los botones de la camisa. Este no era el tipo del que me había enamorado. Parecía un maníaco enloquecido que estaba obsesionado con tener relaciones sexuales, sin importar lo que dijera o hiciera.

Traté de alejarlo, lo que solo empeoró las cosas. Traté de sentarme, pero mi cabello estaba inmovilizado bajo sus manos, y su peso era demasiado para que yo me resistiera. Kevin me besó tan fuerte que mis dientes se cortaron en mi labio inferior, haciéndolo sangrar. Agarró la cintura de mis jeans y los bajó hasta mis tobillos junto con mis bragas, y se forzó dentro de mí. "Sabes que quieres esto", dijo. "Chica, te amo mucho. Por eso quiero que estemos juntos".

Kevin me dijo cuánto me amaba todo el tiempo que me estaba violando.

Usó dos condones, y ambos se desprendieron dentro de mí. En el momento en que terminó, supe que estaba embarazada de nuevo. Y tenía razón. El médico me había dado una sentencia de muerte si volvía a quedar embarazada. No estaba seguro de si viviría para ver mi cumpleaños número 16.

En su mayor parte, Kevin y yo peleamos y tuvimos relaciones sexuales. A pesar de los riesgos que el médico había compartido con nosotros, a Kevin no parecía importarle. Cada conversación que teníamos siempre terminaba en que hablábamos de sexo y, finalmente, de tener relaciones sexuales. Este no era el tipo amable y dulce que solía conocer. Y tampoco era la misma niña inocente que solía ser.

Entre clases, comenzamos a tener relaciones sexuales en la escalera abierta de la escuela. Incluso nos saltamos el almuerzo para tener relaciones sexuales. Siempre tuve miedo de que nos atraparan. De vez en cuando, nos escabullimos al edificio vocacional que ya no estaba en uso durante un "quickie" de 10 minutos.

El sexo consumió nuestra relación. Ya ni siquiera era agradable. Siempre empezaba con una pelea y terminaba conmigo llorando por el dolor o por la humillación. Kevin comenzó a decir cosas como: "Después de todo lo que he hecho por ti y me he rendido por ti, esto es lo menos que puedes hacer. Me debes tanto". Sorprendentemente, le creí.

Después de un tiempo, dejamos de usar protección. Kevin razonó que si ya estaba embarazada, entonces no podría volver a quedar embarazada. Tenía demasiado miedo de decirle a alguien que podría estar embarazada, así que no dije nada en absoluto. Las palabras del médico resonaron en el fondo de mi mente. Honestamente, tenía miedo de saber la verdad; porque la realidad era que podía morir por quedar embarazada de nuevo. No estaba listo para enfrentar eso.

Las cosas estaban muy tensas alrededor de mi casa. Kevin y yo no nos estábamos llevando bien, así que eso me hizo difícil de tratar. Mi mamá y mi padrastro también discutían más. Desde que me permitió seguir viendo a Kevin en contra de sus deseos, las cosas habían ido cuesta abajo entre ellos. Mi padrastro pasaba cada vez más tiempo fuera de la casa sin explicación. Al principio no parecía molestar a mi mamá. Ella tenía otro novio de todos modos, pero se suponía que nadie lo sabía. Siempre lo supe.

Esperé hasta que estaba embarazada de casi cuatro meses antes de decírselo a mi madre. Sopesé mis opciones y finalmente decidí que tenía más miedo de morir que ella.

enojado porque estaba embarazada de nuevo. Me convencí de que mi madre estaría más preocupada por las posibles consecuencias que por que yo cometiera el mismo error dos veces. Así que me derrumbé y se lo dije.

Volvimos al mismo médico que me había visto antes. La enfermera me hizo una prueba de embarazo y nos informó a mi madre y a mí que estaba embarazada de cuatro meses. Cuando el médico entró y vio que había regresado de nuevo, se negó a tratarme o a realizar el aborto. Pensamos que no quería ser molestado con otro adolescente de cabeza dura que había ignorado su consejo. Pero, de hecho, era un procedimiento complicado del que no quería ser responsable si algo salía mal.

Buscamos en el directorio telefónico y encontramos una clínica de embarazo de alto riesgo. Condujimos una hora hasta la ciudad, y a los 15 años, tuve mi segundo aborto. Mis padres me apoyaron mucho. Kevin no estaba allí esta vez.

A veces la vida es más extraña que la ficción. Cuando mis padres y yo salimos de la clínica de abortos, había coches de policía y un camión de bomberos en el estacionamiento que rodeaba el nuevo coche de mi padrastro. Sin ninguna razón obvia, el automóvil se había incendiado y estaba envuelto en llamas cuando llegaron las autoridades. No había señales de juego sucio, un crimen de odio o cualquier otra cosa dentro de lo razonable. Fue solo una de esas cosas que sucedieron sin otra razón que hacernos pensar hacia dónde se dirigían nuestras vidas. A mi padrastro le encantaba ese auto, y ahora había sido destruido. Quién sabe... tal vez fue una señal de Dios.

Una vez más, los padres de Kevin ayudaron a mis padres con la factura del médico. Sorprendentemente, nos perdonaron de nuevo. Pero esta vez dijeron: "simplemente no dejes que vuelva a suceder". Incluso después de este embarazo, todavía no tomé la píldora. Supongo que mi madre pensó que conmigo tenía que pasar por lo que había experimentado, el sexo sería lo más alejado de mi mente. Nuestros padres estaban entendiendo la imagen y se dieron cuenta de que íbamos a estar juntos sin importar qué. Ahora, con Kevin y yo concibiendo y perdiendo otro bebé, pensé que mis días de convencerlo de que lo amaba (y solo a él) habían terminado, pero se volvió más celoso y controlador que nunca. Nuestra relación estaba de vuelta en la fase de luna de miel, pero la calma antes de la próxima tormenta no duraría mucho.

Una mañana en la escuela, Kevin y yo nos peleamos en el pasillo. Me acusó de no amarlo y de ver a otra persona. Lo negué, y él me empujó a un casillero y se alejó. Fui a mi clase de química y miré la pizarra con lágrimas corriendo por mi rostro.

Mi compañero de laboratorio era un buen tipo llamado Chris. Era popular, atlético y guapo. Me había pedido que saliera una vez antes de que comenzara a salir con Kevin. Chris me ayudó a pasar la clase compartiendo sus notas y dejándome revisar la tarea de la noche anterior, que no había hecho. Sonó la campana y Chris salió de clase con su brazo alrededor de mi hombro. Me susurró al oído que todo iba a estar bien, me apretó la mano y se fue a su próxima clase. Me despedí y me di la vuelta para ver a Kevin mirándome muerto a los ojos.

Nunca tuve la oportunidad de explicarlo. "¿Quién era ese? Sabía que estabas viendo a alguien más. ¿Cómo podrías hacerme esto, Whitney?", gritó prácticamente. Dos maestros se fijaron en nosotros, y Kevin aflojó el agarre que tenía en mi brazo y bajó la voz.

"Kevin, no puedo hablar contigo cuando actúas así. Ese tipo era solo mi compañero de laboratorio de química. No hay nada entre nosotros, apenas lo conozco. Él solo me estaba ayudando con mi tarea. ¡Te amo! ¿No me crees?" Nos acercamos al hueco de la escalera y me di la vuelta para enfrentarme a él. "Mira, tengo que llegar a mi próxima clase", le dije. El pasillo no se había despejado del todo cuando sonó la campana final para la clase. "Vamos Kevin, no comiences esto de nuevo. No hay nadie más que tú. Te amo y quiero estar contigo para siempre".

Me volví para despedirme y bajar las escaleras. Kevin me inmovilizó contra la pared y comenzó a besarme bruscamente. "Me perteneces y vas a hacer exactamente lo que te digo que hagas", dijo. Lo alejé de mí y me agarró; me torció el brazo y me empujó por el tramo de escaleras. Mis libros se derramaron por todo el suelo, y la caída me sacó el viento.

"Mira lo que me hiciste hacer", dijo Kevin, mirándome mientras yacía tendido en el suelo en la parte inferior de las escaleras. Todo lo que podía hacer era llorar. Pero todavía lo amaba.

Había muchos testigos de lo que Kevin me había hecho, y todos sabíamos que estaba en problemas. El director llamó tanto a la mamá de Kevin como a mi mamá a la escuela. Estaba decidido a poner fin al abuso en la escuela.

Mientras estaba sentada en su oficina esperando a mi madre, escuché mucha conmoción afuera y una voz que sonaba muy parecida a la de mi abuela. Tenía razón. Era mi abuela y estaba enojada.

Saltamos para ver qué estaba pasando y nos dimos cuenta de que mi abuela se había topado con Kevin cuando entraba en la oficina, lo agarró por el cuello y lo inmovilizó contra un casillero. Ella le gruñó: "Si vuelves a poner tus manos sobre mi nieta, te mataré. ¿Me entiendes?" Sus palabras fueron fuertes, lentas y deliberadas. Kevin era al menos un pie más alto y cien libras más pesado que ella, pero no se atrevió a tomar represalias contra ella. Sabía que mi abuela hablaba en serio. A pesar de la gravedad de la situación, fue un espectáculo hilarante. Sucedió justo cuando estábamos cambiando de clase y todos los niños vieron a Kevin siendo asaltado por mi abuela.

Los niños se burlaron de él durante meses sobre ese día; y nunca lo vivió.

Para todos los que me rodeaban, Kevin estaba mostrando los signos clásicos de convertirse en un abusador crónico. Era celoso y controlador, y no tenía problemas para mentirle a la cara a alguien. Y lo más importante, me había golpeado. Para mí, estos fueron solo algunos incidentes aislados. Kevin simplemente fue malinterpretado. Nadie conocía al dulce y amoroso príncipe azul del que me había enamorado. Además, la pelea fue mi culpa de todos modos: lo había provocado. Esto fue entre Kevin y yo, y resolveríamos las cosas.

Los pasillos de la escuela estaban abarrotados como de costumbre el lunes por la mañana, pero este día hubo un zumbido en el aire y muchas miradas extrañas, cuestionadoras y comprensivas que me dispararon. Chicas que no conocía susurraban a mis espaldas y robaban miradas rápidas sobre sus hombros antes de sacudir la cabeza en desaprobación.

Obviamente, se había corrido la voz sobre lo que estaba pasando entre Kevin y yo. No me importaba lo que pensaran los demás. Sabía la verdad real sobre mi relación con Kevin, y no necesitaba la aprobación de nadie más. Incluso mi conductor de autobús me hizo a un lado y me rogó que lo dejara en paz. Nunca parecía gustarle antes, pero en este día, en realidad parecía importarle.

Mis primas prácticamente me perseguían en los pasillos entre clases todo el día. Todo el mundo quería escuchar la historia una y otra vez en detalle explícito. Y todo el mundo tenía muchos malos consejos que ofrecerme.

Mi prima Tina corrió detrás de mí y prácticamente me puso en una llave de estrangulamiento. "Whitney, ¿qué demonios te hizo?", me gritó al oído.

"Shhhh ..." Le hice ses el indice que bajara la voz antes de derramar mis tripas. Teníamos unos tres minutos y medio antes de que sonara la siguiente campana para la clase, pero le conté a Tina y a mis amigas Angela y Faith que nos habían atrapado en el pasillo toda la historia.

"Chicos, no fue gran cosa", le dije. "Acabamos de entrar en una discusión y él cometió un error. Fue mi culpa. Kevin me vio hablando con otro tipo. Él quería que pasáramos más tiempo juntos, y yo actué como si no quisiera estar con él. Simplemente pensó que ya no lo amaba. La discusión se salió un poco de control y ..."

"Y te golpeó, chica", dijo Angela enojada. "Y luego te empujó por un tramo de escaleras".

"No, no fue así", les supliqué; esperando que no hicieran de esto un problema más grande de lo que era.

"Entonces, ¿cómo fue, Whitney? ¿Qué está pasando con ustedes dos?", preguntó Faith. "Hace unas semanas, mi madre dijo que escuchó de mi tía que tu madre todavía podía ver su huella de mano en tu cara cuando regresabas a la casa. Eso no suena como un accidente para mí. Chica, no tienes que soportar ese tipo de mierda. ¿Y ahora esto? Debes dejarlo caer y salir mientras puedas. ¿Me estás escuchando? Mira, tengo que llegar a clase. Ángela, Tina, dile a tu amiga aquí que necesita dejar caer a este tonto.

"No está tan bien, y hay muchos otros chicos a los que les encantaría invitarla a salir, y tampoco le tienen miedo a Kevin. Todos saben que es un punk. Sí, no tiene problemas para golpear a una chica, pero los chicos del equipo de baloncesto dijeron que es un punk cuando se trata de pelear con otro chico. Whitney, tengo que correr, pero te llamaré más tarde esta noche".

Faith miró por encima de su hombro y pronunció las palabras "déjalo caer" mientras se dirigía a clase. Simplemente la saludé con la salud y dejé que las palabras cayeran en oídos sordos.

Toda la mañana fue bastante agitada. Todos mis pensamientos se centraron en Kevin y lo que había sucedido entre nosotros. Este no era el tipo del que me había enamorado. Me convencí de que cualquier cosa que estuviera mal, nuestro amor lo arreglaría. Honestamente creía que Kevin nunca me volvería a golpear.

Apenas tuve la oportunidad de hablar con Kevin solo el lunes porque todos sus entrenadores y ex compañeros de equipo habían formado una guardia protectora a su alrededor para averiguar qué estaba pasando. Escuché rumores todo el día de mis amigas de que estaban tratando de averiguar si realmente me había golpeado y empujado por las escaleras, o si lo había inventado. Entre tratar de convencerlo de que volviera a jugar al baloncesto y evitar que arruinara su vida conmigo, intentaron aconsejarle sobre las formas apropiadas en que un chico debería tratar a su novia. Sus palabras también cayeron en oídos sordos.

"Hola Kevin, hombre, vamos a disparar algunos aros en el gimnasio durante el almuerzo", dijo su amigo Mike. "Hemos escuchado todo tipo de cosas locas sobre lo que sucedió entre tú y Whitney. Yo hombre, ¿qué está pasando? Solo reúnete con nosotros en el gimnasio, ¿de acuerdo?" Kevin encorvó los hombros y caminó por el pasillo hacia su aula justo cuando sonaba la campana. En su mente, no pasaba nada y no había nada más de qué hablar.

Kevin trató de evitar a sus compañeros de clase, pero lo rastrearon de todos modos.

His friend Mike started it, "Hey man, there's some crazy stuff going around in school about you. What's up with you and Whitney? Folks are making it seem like you beat her down. What happened?"

"Hombre, no fue así. No pasó nada", dijo Kevin.

"Vamos Kevin, escuché que la golpeaste y casi le rompes la mandíbula", dijo Greg. "La gente hablaba de eso en la escuela y después de la iglesia el domingo. Estaban hablando de que te arrestaran y te enviaran a la cárcel por agredir a una mujer".

Kevin solo lo miró y puso los ojos en blanco. "Greg, me conoces desde que teníamos cuatro años. Sabes que eso no es cierto. Dame algún tipo de crédito. Nunca he golpeado a una hembra antes, y nunca golpearé a una hembra. Solo déjame en paz", dijo Kevin.

"Oye, estoy de tu lado", dijo Mike. "Solo ten cuidado. No dejes que esto se te vaya de las manos. Whitney es una chica agradable, y ustedes dos tienen algo bueno. Tal vez todos deberían relajarse un poco, dejar que las cosas se calmen y luego volver a unirse".

Kevin negó con la cabeza y dijo: "Te dije, todo está bien, así que déjalo caer. Whitney y yo vamos a trabajar juntos en esto, y no necesitamos un montón de gente en nuestro negocio. No quiero hablar más de esto. Disparemos algunos aros antes de que comience la clase".

Los estudiantes de la escuela hablaban constantemente de nosotros. Pronto fuimos la charla alrededor de nuestras dos ciudades. La gente pensaba que nuestras vidas eran mejores que las telenovelas diurnas. Comenzaron a referirse a nosotros como la "pareja luchadora". Todo el mundo sabía que algo andaba muy mal con nuestra relación. Pero, mantuve la cabeza en alto, porque no había hecho nada malo.

Mi principal prioridad era tratar de mantener intacta mi relación con Kevin. Honestamente, sentí que era mi trabajo protegerlo, porque nadie más lo entendía.

Entre nuestros episodios de peleas y sexo, él continuaba enviándome tarjetas, dulces y flores para compensarlo. Estaba empezando a hacer todas las cosas que su propio padre hizo para excusar su comportamiento abusivo. De alguna manera, se suponía que el dinero, los regalos y las disculpas compensaran el abuso y la violación.

Nuestra relación perfecta había desaparecido y había sido reemplazada por algo horrible. Pero aún así justifiqué su comportamiento e hice excusas por la forma en que me trató. Me convencí a mí mismo, y a los que me rodeaban, de que Kevin estaba bajo mucha presión, pero por debajo seguía siendo un buen tipo. Sabía que las cosas entre nosotros estarían bien. Quería creerlo. Necesitaba creer eso.

Faltaba un par de semanas para el final del año escolar. Nuestros padres pensaron que los tres meses de vacaciones separados nos harían algo bueno. No tendrían que preocuparse de que me quedara embarazada de nuevo o de que Kevin y yo peleemos. Incluso pensé que el tiempo separado sería lo mejor para nosotros, pero no pasó mucho tiempo antes de que el Sr. Charming regresara y me convenciera una vez más de que había cambiado.

En poco tiempo volví a manipular a mi madre para que nos dejara vernos de nuevo. Esta vez no fue según lo planeado, y ella no se rindió tan rápido como Kevin y yo hubiéramos querido. Así que Kevin puso su mente inteligente en acción y decidió idear otro plan. Nada nos iba a mantener separados.

La mayor tragedia de estar en una relación abusiva es ya no poder descifrar la realidad de la situación. Los hechos y la ficción se entremezclan, y es difícil decir la verdad de una mentira. Sabía que Kevin me había abofeteado por enojo, pero era la primera vez. Pensé que sería la única vez.

Eso no fue realmente abuso, razoné. Ser agarrado y empujado por las escaleras era más difícil de justificar. Dijo que lo sentía y que nunca lo volvería a hacer, pero luego mintió al respecto a las autoridades, a sus padres y a los míos. Si realmente fue un error, ¿no debería haberlo hecho y luego haber tratado de mejorar las cosas? Estaba empezando a confundirme. Sabía que algo no estaba bien, pero estaba tan cegada por el amor que simplemente no podía verlo.

Capítulo 3: "Perfil de un abusador"

"Ahora señoras, les he contado parte de mi historia. Ahora, quiero escuchar sus historias", dijo Whitney. No tienes que decirle todo al grupo, pero aquí es donde comienza el proceso de curación. Has estado con dolor el tiempo suficiente; has sido una víctima el tiempo suficiente. ¡Aquí, somos sobrevivientes!"

Había ocho mujeres en la habitación. Esta noche, en lugar de golpes y moretones, llevaban insignias emocionales de coraje. Finalmente habían escapado y se habían alejado del infierno de la violencia doméstica y el abuso en sus matrimonios y relaciones.

Las mujeres eran de varias estaciones en la vida. Eran jóvenes y viejos. Eran de clase empresarial y clase trabajadora. Algunos fueron educados y otros no. El grupo de mujeres no representaba a ninguna raza o etnia en particular. Era obvio que la violencia doméstica y las relaciones abusivas no discriminaban.

"Ahora, quién quiere ir primero", preguntó Whitney. "Recuerda que todo lo que se dice aquí se queda aquí. No se trata solo de privacidad y respeto, la vida de alguien puede estar en juego. Entonces, antes de continuar, tómese unos cinco minutos y díganos su nombre, cuánto tiempo fue víctima y cuándo se convirtió en sobreviviente".

Whitney caminó hacia la esquina de la habitación y colocó un caballete lleno de términos y definiciones frente al grupo, luego se sentó en el círculo entre las otras mujeres.

Violencia doméstica: la violencia doméstica se define como el abuso de una pareja íntima actual o anterior: ex / novio, ex / esposo, ex / novia, ex / esposa. La violencia doméstica puede significar abuso físico: empujar, abofetear, golpear o asfixiar; pero también puede incluir: abuso emocional, amenazas, intimidación, aislamiento, abuso sexual y abuso económico, usar a los niños o usar el "privilegio masculino". (El privilegio masculino se define como el comportamiento controlador donde la masculinidad se usa como un arma para definir los roles de género y para maltratar a una mujer para que se someta. Ex. Él es el "rey del castillo", y ella es su sirvienta).

Agresión sexual: la agresión sexual es cualquier contacto o atención sexual no deseada lograda por la fuerza, amenazas, sobornos, manipulación, presión, trucos o violencia. La agresión sexual puede ser física o no física e incluye violación e intento de violación, abuso sexual infantil, incesto y acoso sexual.

Violación: la violación es la penetración sexual forzada (vaginal, oral o anal) contra una persona que no ha dado su consentimiento. La violación es un acto criminal que puede ser cometido por un extraño, conocido, cónyuge, pariente o compañero de trabajo. (Interactuar)

* ¡LOS DELITOS DE VIOLENCIA DOMÉSTICA, AGRESIÓN SEXUAL Y VIOLACIÓN SON PUNIBLES POR LA LEY!

Karen levantó la mano y dijo: "Sé que ya me presenté, pero también quería presentar a mi hija, Deborah, al grupo. Ella vino aquí conmigo esta noche en busca de apoyo moral. Ella observó lo que pasé, y ahora que está saliendo, solo quería que aprendiera más sobre algunas de las señales de advertencia de un abusador".

"Oh, eso es fácil", dijo Nancy. "Egoísta. Arrogante. Celoso".

"No te olvides de la inseguridad", intervino Yolanda.

"Y crítico. Mi ex novio era extremadamente mezquino y crítico con todo lo que hacía", dijo Diana. "Era obsesivo y nada lo satisfacía. Nada ni nadie, incluyéndome a mí, fue lo suficientemente bueno para él. Al principio era encantador, pero luego solo tenía que criticar todo: mi cabello, mi ropa, mi auto, mi selección de menú y mi maquillaje. Se volvió tan desagradable que era insoportable".

Whitney dijo: "Deborah, hay muchas señales de advertencia de un abusador, pero no todas actúan de la misma manera. Además, hay diferentes tipos de abuso. Y ese es un buen lugar para que comencemos nuestra discusión esta noche a medida que nos conocemos. ¿Puede alguien más nombrar algunos de los diferentes tipos de abuso?"

Pattie levantó la mano. "Físico, sexual, mental, emocional y financiero".

"No olvides el abuso verbal", dijo Karen.

"Muy bien", dijo Whitney. "Permítanme repetirlos para todos. Hay varios tipos de abuso, pero todos ellos son dañinos e hirientes. Hay abuso físico, sexual, mental, emocional, financiero y verbal. ¿Alguien puede compartir un ejemplo de sus experiencias en alguna de esas áreas?"

Deborah levantó la mano y dijo: "Esto le pasó a mi tía, la hermana de mi madre. Durante años, fue víctima de abuso financiero y emocional. A pesar de que su esposo nunca puso sus manos sobre ella, lentamente la destruyó con su crueldad y actitud controladora.

"Mi tía se graduó de la universidad y tuvo una exitosa carrera como artista antes de casarse. Luego, cuando conoció a su esposo, él le dijo que "ninguna mujer suya iba a trabajar". Entonces, renunció a sus sueños de pintar y esculpir para hacerlo feliz. Pero eso también la hizo completamente dependiente de su cheque de pago.

"Al principio estaba bien, porque ganó suficiente dinero para mantenerlos. Pero cuando la compañía para la que trabajaba quedó fuera del negocio, tuvo que tomar un trabajo menos remunerado en otra compañía, y culpó de sus dificultades financieras a mi tía. Siempre le decía que gastaba demasiado dinero y que no estarían en tan mala forma si no fuera por ella.

"Cuando mi tía se ofreció como voluntaria para volver a trabajar, la ridiculizó y dijo que no tenía el talento suficiente para ganarse la vida como artista. Le quitó las tarjetas de crédito y la hizo cerrar su cuenta bancaria. Tomó el control de todo el dinero e incluso la puso en una asignación.

"Comenzó a abrir su correo para asegurarse de que ella no le estaba ocultando dinero. No le permitía comprar ropa o zapatos nuevos, incluso cuando los que llevaba puestos se desgastan.

"Luego comenzó a ir con ella a la tienda de comestibles para asegurarse de que no gastara demasiado. Recuerdo que una vez, mi prima le envió algo de dinero para ayudar con artículos personales, y el esposo de mi tía también se lo llevó. Simplemente se puso ridículo. Ella finalmente lo dejó, pero él la convenció de que regresara, y el ciclo comenzó de nuevo".

Whitney dijo: "Ese es un excelente ejemplo. A pesar de que no la golpeó ni la golpeó, aún logró dañar su autoestima y tomar el control financiero sobre su vida. OK, ¿alguien más tiene otros ejemplos?"

Nancy levantó lentamente la mano. "Mi primer esposo estaba extremadamente celoso, y antes de que todo terminara, comenzó a acecharme. Dormía con un cuchillo bajo las sábanas todas las noches, temeroso de que intentara matarme. Cuando salía a trabajar por las mañanas, él me seguía para ver si me reunía en secreto con otro hombre. Abría mi correo, venía a mi trabajo y pasaba por mi armario. Realmente no sé lo que estaba buscando.

"Siempre le fui fiel, pero nunca me creyó. Cuanto más inseguro se volvía, más asustado me volvía".

La voz de Nancy temblaba mientras hablaba y agitaba nerviosamente los pulgares mientras hablaba. Whitney habló: "Está bien, Nancy. Tómate tu tiempo. Eres un sobreviviente y lo has logrado. Estamos aquí para apoyarte, solo tómate tu tiempo".

Nancy continuó: "Un día llegué temprano a casa del trabajo. Había sido una semana muy estresante en la oficina, y tuve una migraña. Mi jefe me dio la tarde libre, así que me fui a casa. Decidí tomar una ducha caliente e irme a la cama temprano. Cuando salí de la ducha, mi esposo apareció de repente detrás de mí, me agarró del cuello y me puso un cuchillo en la garganta. Me acusó de engañarlo solo porque me estaba duchando a media tarde.

"Comenzó a llamar a mis amigos e incluso a algunos de mis compañeros de trabajo para ver si sabían si estaba viendo a otra persona. Toda la situación era simplemente absurda. Estoy muy contenta de que nunca hubiéramos tenido hijos juntos, porque no habría podido dormir por la noche sabiendo que mis hijos estaban en la misma casa con él".

"Entonces, ¿cómo terminó la situación?", preguntó Whitney.

"Irónicamente", dijo Nancy, "descubrí que nunca se había divorciado de su primera esposa. Tenía otra familia en una ciudad cercana. ¿Puedes creerlo? Todo ese tiempo, me acusaba de ser infiel, y tenía otra esposa y familia que estaba cuidando. Solicité una anulación y saqué una orden de restricción contra él. Todavía no duermo muy bien por la noche, pero solo lo estoy tomando un día a la vez". Deborah estaba sentada junto a Nancy, se inclinó y le dio un abrazo.

Yolanda se aclaró lentamente la garganta y comenzó a hablar. Toni, que estaba sentada a su lado, le dio una palmadita en el hombro para animarla.

"Mi nombre es Yolanda, y soy una sobreviviente de violencia doméstica. Mi difunto ex esposo me violó, me golpeó y luego intentó matarme a mí y a nuestros dos hijos pequeños.

"Estuvimos casados un total de 13 años, y nuestro matrimonio comenzó como un cuento de hadas. Fue la boda más hermosa que puedas imaginar, fue todo lo que soñé. Todos pensaban que era el marido perfecto. Era guapo, encantador, inteligente y exitoso.

"Era tan cariñoso y atento que pensé que tendría una vida perfecta con él". Una lágrima rodó por la mejilla de Yolanda, y su voz quedó atrapada en su garganta cuando trató de hablar. Todos los ojos en la habitación estaban puestos en Yolanda mientras reunía la compostura y continuaba compartiendo su historia.

"Mi esposo era una peluca grande en el mundo corporativo. Y cuantas más promociones obtuvo y cuanto más dinero ganaba, más estresado se volvía. Comenzó a beber. Comenzó como bebida social y luego comenzó a beber más en casa. Comenzó a esconder alcohol en toda la casa y en el armario de nuestro dormitorio. Trabajaba duro toda la semana, luego bebía para ahogar su estrés y tristezas el fin de semana. Cuando traté de hablar con él, solo se convirtió en una discusión.

"Entonces la discusión se convirtió en lucha. Me deprimía los viernes porque sabía que íbamos a estar peleando todo el fin de semana.

"Lo que más odiaba era cómo todavía fingía ser 'Mr. Wonderful' en público y frente a nuestros amigos. ¿Sabes que cantaba en el coro de la iglesia todos los domingos y se sentaba en la pizarra del diácono en nuestra iglesia?

Cuando fui a hablar con nuestro pastor, me dijo que estaba exagerando demasiado y que cualquier otra mujer estaría agradecida de tener un esposo tan amable y cariñoso como Ted.

"Un domingo por la tarde, llegamos a casa de la iglesia, y Ted fue directamente al gabinete de la cocina y sacó una botella de licor fuerte. Le dije que no me gustaba cuánto bebía, y que pensaba que deberíamos ir a consejería. Me llamó la "palabra b", me abofeteó y me dio un puñetazo en el estómago. Me dijo que era ingrato y que tenía suerte de que me quisiera, porque ningún otro hombre soportaría a un vagabundo tan feo, tonto e ingrato como yo".

Las lágrimas corrían por el rostro de Yolanda. Whitney sacó un pañuelo de papel de una pequeña caja debajo de su silla y se lo entregó a Yolanda. Luego pasó la caja porque no había un ojo seco en la habitación.

Yolanda olisqueó, se limpió los ojos y continuó. "Traté de convencerme de que las cosas iban a mejorar. Después de todo, este era el hombre que amaba. Decidimos formar una familia, y oré para que las cosas mejoraran una vez que tuviéramos hijos.

"No lo hicieron. Entré en trabajo de parto prematuro y di a luz a mi hijo mayor tres semanas antes porque Ted me golpeó en el estómago mientras estaba borracho. Simplemente no le importaba nada ni nadie más que él mismo. Ese mismo ciclo continuó durante años. Fingía ser el esposo, padre, empleado, proveedor y cristiano perfecto toda la semana, y luego se convertía en alguien que ni siquiera reconocía los viernes y sábados por la noche".

Yolanda se inclinó y se enrolló la pierna del pantalón. "Esta cicatriz es de donde me arrojó un jarrón de cerámica. Tuve que recibir 14 puntos de sutura para cerrar la herida". Luego se arremangó la manga derecha. "Me rompió el brazo en dos lugares, ya casi no puedo usarlo. Y una noche, durante uno de sus atracones de bebida, me agarró por el cuello e intentó estrangularme. Me desperté en el hospital con una I.V. en el brazo". Yolanda dejó de hablar y el color se drenó de su rostro.

"Está bien Yolanda", dijo Whitney. "Estamos aquí para ti".

"Yo – YO – YO ... No. Duele demasiado. Mi vida ha terminado, y mis hijos ya no tienen padre, y todo es culpa mía".

Whitney preguntó: "Yolanda, ¿te importa si le cuento al grupo el final de tu historia?" A estas alturas, Yolanda temblaba de emoción y varias de las otras mujeres trataron de consolarla. Ella asintió lentamente con la cabeza "OK".

"Señoras, en el caso de Yolanda fue matar o ser asesinada. Yolanda fue absuelta de los cargos por matar a su esposo. El tribunal dictaminó que era en defensa propia, y se le permitió mantener a sus dos hijos. ¿Por qué no todos nos tomamos un descanso de 10 minutos?"

Cuando las mujeres regresaron a la habitación, Whitney había puesto otra tabla con algunas estadísticas sobre la violencia doméstica:

• EN EL 93% DE LOS CASOS DE VIOLENCIA DOMÉSTICA REPORTADOS, LAS MUJERES SON LAS VÍCTIMAS Y LOS HOMBRES SON LOS PERPETRADORES; EL OTRO 7% SON VÍCTIMAS MASCULINAS EN UNA RELACIÓN HOMOSEXUAL MASCULINA O EN UNA RELACIÓN CON UNA PERPETRADORA FEMENINA.

- SE ESTIMA QUE CUATRO MILLONES DE MUJERES ESTADOUNIDENSES SON ABUSADAS CADA AÑO POR SUS ESPOSOS O PAREJAS

- LA VIOLENCIA OCURRE AL MENOS UNA VEZ EN DOS TERCIOS DE TODOS LOS MATRIMONIOS

- MUCHAS MUJERES SON MALTRATADAS FÍSICAMENTE POR PRIMERA VEZ DURANTE EL EMBARAZO O EN SU NOCHE DE LUNA DE MIEL

- EL 50% DE TODAS LAS MUJERES Y NIÑOS SIN HOGAR EN LOS ESTADOS UNIDOS ESTÁN HUYENDO DEL ABUSO DOMÉSTICO

- EL 85% DE LOS ABUSADORES APRENDIERON SUS HÁBITOS ABUSIVOS EN CASA

- EL 50% DE LOS HOMBRES ARRESTADOS TAMBIÉN ESTÁN ABUSANDO SEXUAL O FÍSICAMENTE DE OTROS MIEMBROS DE LA FAMILIA

- LOS NIÑOS QUE SON TESTIGOS DE VIOLENCIA DOMÉSTICA TIENEN CUATRO (4) VECES MÁS PROBABILIDADES DE SER ARRESTADOS POR LA POLICÍA QUE LOS NIÑOS QUE NO PRESENCIAN VIOLENCIA DOMÉSTICA

• EL 63% DE LOS NIÑOS EN LA CÁRCEL POR ASESINATO ESTÁN ALLÍ POR MATAR A UN PADRE ABUSIVO

• EL 80% DE LOS JÓVENES FUGITIVOS PROVIENEN DE HOGARES VIOLENTOS

• LOS NIÑOS QUE SON TESTIGOS DE VIOLENCIA DOMÉSTICA TIENEN SEIS (6) VECES MÁS PROBABILIDADES DE SUICIDARSE

• EL 98% DE LAS VÍCTIMAS DE VIOLENCIA DOMÉSTICA SON DIAGNOSTICADAS ERRÓNEAMENTE EN UNA SALA DE EMERGENCIAS

• EL 75% DE LAS MUJERES ASESINADAS CADA AÑO EN VIOLENCIA DOMÉSTICA MUEREN DESPUÉS DE DEJAR A SU ABUSADOR

• SOLO EL 50% DE LAS VÍCTIMAS DE VIOLENCIA DOMÉSTICA DENUNCIAN LOS INCIDENTES A LA POLICÍA

(Información extraída de la Oficina de Estadísticas de Justicia e Interact)

"Antes de irnos esta noche", dijo Whitney, "quiero que cada uno de ustedes piense en su vida y en la vida de una joven que aman y les importa. La violencia doméstica puede acabar con esas vidas prematuramente. Esta noche, estamos poniendo fin a la violencia en nuestras vidas y tomando una posición para protegernos a nosotros mismos y a nuestras familias". Repartió algunos folletos a cada una de las mujeres y les instruyó a leer el material y estar preparadas para crear un nuevo plan de vida para comenzar la semana siguiente.

Whitney le dijo al grupo: "Cuando se vayan, asegúrense de compartir una palabra de aliento con al menos una de las mujeres que conocieron aquí esta noche. Siempre es bueno hacer nuevos amigos en los que puedas confiar y que entiendan tu situación particular".

Cuando los demás salieron de la habitación, Karen y su hija Deborah se quedaron atrás. "Whitney, sé que ha sido un día largo y probablemente estés listo para irte a casa, pero realmente me gustaría saber más sobre tu historia", dijo Karen. "He vivido esta pesadilla, y simplemente no quiero que mi hija tenga que soportar el tipo de tortura que yo hice. ¿Te importaría compartir algunos detalles más sobre tu historia personal con nosotros? Estoy realmente interesada en saber si su ex esposo tenía algún tipo de trastornos de personalidad u otros signos que contribuyeron a su comportamiento".

Whitney hizo un gesto para que las dos mujeres tomaran asiento. "No me importa compartir en absoluto. Esto es a lo que he dedicado el trabajo de mi vida. En mi caso, Kevin finalmente fue diagnosticado con obsesivo compulsivo

Trastorno y trastorno bipolar. Una vez en la cárcel, se sometió a una evaluación psiquiátrica, y también había indicios de un trastorno de personalidad paranoide con características narcisistas y obsesivas / compulsivas.

"De acuerdo con los resultados de su prueba, Kevin demostró un sentido exagerado y superior de autoestima y una manera social abrasiva. Eso explica por qué tenía tan pocos amigos cuando estábamos en la escuela secundaria, y por qué no podía mantener un trabajo por mucho tiempo. En general, el informe decía que tenía un método habitual y desadaptativo para relacionarse, comportarse, pensar y sentir.

"Sé que es mucho psicobalbuceo, pero lo que realmente significa es que Kevin actuó como si fuera el dueño del mundo, y todos en él le debían algo. Tenía cambios de humor severos que lo hicieron encontrarse como el Dr. Jekyll y el Sr. Hyde.

"Algunos días, no sabría qué personalidad esperar porque sus estados de ánimo cambiaron muy rápidamente. Es posible que también haya escuchado trastornos bipolares conocidos como "trastornos maníaco-depresivos", y hacen que un individuo tenga cambios de humor extremos que afectan la interacción social y los procesos de toma de decisiones y el comportamiento impulsivo o imprudente. Kevin simplemente romía y hacía cosas sin pensar. Simplemente nunca supiste lo que iba a venir después".

Deborah preguntó: "¿Qué síntomas aparecieron con el trastorno paranoico de la personalidad?" Whitney negó con la cabeza con disgusto mientras recordaba los recuerdos de su relación.

Ella dijo: "Kevin y yo nos metimos en un millón de discusiones porque él constantemente me acusaba de ver a otra persona o acostarme con otra persona. Uno de los signos más reveladores de un trastorno de paranoia es la sospecha y una imaginación hiperactiva. Las personas con ese trastorno tienden a pensar que otros están tratando de hacerles daño, y les resulta muy difícil confiar en las personas, incluso en las que aman. Kevin siempre sintió que era "él contra el mundo", y que todos estaban dispuestos a buscarlo.

"Incluso cuando fue a la cárcel, su evaluación psicológica afirma que se quejaba de lo injustamente que lo estaban tratando, y de cómo el 'sistema' solo funcionaba para personas con poder o dinero. Nunca pensó en mencionar sus malas acciones o su comportamiento criminal, y cómo había destruido a nuestra familia".

Whitney continuó explicando cómo los ataques de ira celosa y actitud controladora de Kevin habían dañado su autoestima en la escuela secundaria y se habían convertido en violencia. Sus palabras estaban llenas de emoción, como si estuviera reviviendo cada momento del abuso mientras hablaba.

"Ese verano, la actitud de Kevin comenzó a cambiar justo ante mis ojos. Con cada mes que pasaba, sus movimientos se volvían cada vez más audaces. Kevin no iba a pasar todo el verano sin verme, así que comenzó a escabullirse a mi casa en medio de la noche.

"Comenzó a manipular y controlar mi vida, y comenzó a usar el sexo como un arma contra mí. Estacionaba su auto en una tienda de conveniencia local cerca de mi casa, esperaba hasta que la casa estuviera oscura y mis padres estuvieran dormidos, y se colaba en mi ventana por la noche.

"Había un vestidor grande en mi habitación. Ahí es donde Kevin y yo pasamos la mayor parte de nuestro tiempo juntos por la noche. Sabía que lo que estábamos haciendo estaba mal, pero no dejé que eso me detuviera. Kevin comenzó a tratarme como su propio sirviente personal. Antes de que llegara, tuve que cocinarle la cena y luego tener relaciones sexuales en el armario, mientras mis padres dormían al otro lado de la casa".

Deborah la miró con incredulidad. "¿No tenías miedo de que tus padres te atraparan?", preguntó. Whitney asintió con la cabeza y respondió: "Eso siempre fue una preocupación, pero honestamente, tenía más miedo de lo que Kevin me haría si no estaba de acuerdo con él que de cualquier castigo que mis padres me dieran".

Whitney explicó cómo cada día se encontraba pasando más y más tiempo teniendo que defenderse y negar las acusaciones que Kevin estaba haciendo en su contra. Comenzó a dictar su horario, vestuario, actividades sociales, amigos y cada movimiento. Y después de haberla controlado todo el día en la escuela, la llamaba por las noches, y pasaban incontables horas más hablando por teléfono. Se convirtió en un ciclo predecible que comenzaba y se repetía de nuevo cada mañana. Por la noche, después de que sus padres se habían ido a la cama, él se escabullía, ella cocinaba para él, tenía relaciones sexuales con él y luego la golpeaba como un recordatorio de quién tenía el control; luego se fue.

"Los pensamientos suicidas se volvieron comunes durante nuestra relación", dijo Whitney. "Una noche, incluso amenacé con suicidarme con un par de tijeras. Necesitaba que Kevin entendiera cuánto lo amaba, pero no importaba lo que dijera, no parecía hacer una diferencia.

"El hombre que una vez consideré mi mejor amigo ahora se estaba convirtiendo en mi peor enemigo. Usó mis miedos, debilidades e inseguridades en mi contra. Nuestra relación y comunicación apestaban a miedo e intimidación".

Whitney enfatizó a Deborah y a su madre que la rabia celosa, los arrebatos de ira, la manipulación y el control no eran características amorosas de una relación saludable. "Esas fueron las señales más obvias", dijo Whitney. "Si hubiera sabido entonces lo que sé ahora, habría huido de él. Pero, por supuesto, solo la retrospectiva tiene una visión de 20-20".

Karen dijo: "No estoy segura de entender cómo podrías ser un adolescente que vive en la misma casa con tus padres y no saben que algo andaba mal. Eso simplemente no tiene sentido para mí. Mi hija y yo siempre hemos sido muy cercanos, y siempre la animé a hablar abiertamente conmigo y decirme cualquier cosa que estuviera en su mente. ¿Alguna vez tus padres se dieron cuenta de lo que estaba pasando o hicieron algo para intervenir?"

Whitney explicó cómo nunca hizo que Kevin fuera el malo. Incluso cuando la gravedad de la situación comenzó a escalar, ella siempre se puso de su lado. Ella ocultó todo a sus padres, y el comportamiento de Kevin se volvió aún más errático.

Whitney continuó: "Una noche en particular, vino a verme demasiado temprano, antes de que mis padres se hubieran ido a la cama. Mi madre estaba en mi habitación hablando conmigo y por casualidad levantó la vista y vio a Kevin fuera de mi ventana. Inmediatamente corrió hacia la ventana y comenzó a gritarle. '¡Kevin, vete aquí!' El sonido de la voz de mi madre lo sobresaltó.

"Se lanzó a través del patio y corrió hacia su auto, que había sido estacionado detrás de la tienda local. Ese incidente fue la primera vez que nuestros padres decidieron que ya era suficiente e intervinieron".

Whitney recordó el incidente y les contó a las dos mujeres cómo sus padres finalmente se habían puesto en contacto con la policía sobre Kevin.

Recordó el día en que fueron a la corte. Kevin se sentó frente al juez luciendo abatido y abatido.

Los padres de Whitney lo habían acusado de allanamiento de morada y presentaron cargos contra él. Su propio padre lo había regañado, enraizado y amenazado. La noche en que la madre de Whitney lo vio afuera de la ventana del dormitorio, inmediatamente llamó a sus padres y les contó lo que estaba pasando. El padre de Kevin había prometido terminar la relación de una manera u otra.

El incidente que condujo a su comparecencia ante el tribunal había ocurrido unos meses antes. Cuando Kevin llegó a casa de la casa de Whitney, su padre entró lentamente en su habitación y cerró la puerta. Habló en un tono muy parejo y advirtió a su hijo sobre volverse demasiado serio en una relación demasiado pronto. Su comportamiento tranquilo rápidamente se convirtió en furia. En términos inequívocos, expresó lo decepcionados que estaban de que Kevin se hubiera obsesionado con Whitney, y cómo sentían que la relación estaba destruyendo sus posibilidades de un futuro exitoso.

Luego, el padre de Kevin metió la mano debajo de su camisa y sacó un arma. Agarró a Kevin por el cuello, sostuvo el arma a un lado de su cabeza y dijo muy lentamente: "No vamos a aguantamos más esto. Si no juntas tu vida, voy a terminarla por ti. Si haces otro truco como este, te voy a volar la cabeza. ¿Me entiendes?"

Kevin estaba temblando y prácticamente se desmayó de miedo. Trató de mantener la compostura y la respuesta, pero las palabras se atascaron en su garganta. Todo su cuerpo temblaba y un sudor frío estalló en su frente. Sabía que su padre hablaba en serio. Había visto las tendencias violentas de su padre hacia su madre, y no estaba seguro de si su padre iba a apretar el gatillo o no. E incluso si no apretó el gatillo esta vez, nunca se supo cuándo iba a perder el control y volar fuera del mango. Este fue un momento que cambió la vida de Kevin.

Mientras tanto, la tensión en la familia Jordan era lo suficientemente espesa como para cortar. La madre de Whitney había investigado un poco más con el dueño de la tienda de conveniencia y varios vecinos, y se enteró de que Kevin había estado estacionando allí por la noche durante bastante tiempo. Tenían pruebas y testigos más que suficientes para demostrar que Kevin había estado invadiendo. La madre de Whitney la confrontó sobre su relación con Kevin y lo que había estado sucediendo por la noche. Cada conversación se convirtió en una discusión sobre la confianza, la decepción, el comportamiento irresponsable, etc.

Como Whitney y Kevin no podían descubrir cómo separarse por su cuenta, sus padres decidieron dejar que la policía local los ayudara a acelerar el proceso. A la mañana siguiente, la madre de Whitney bajó a la estación de policía y presentaron cargos.

Whitney revivió toda la experiencia en su mente y luego la compartió con las dos mujeres: "La cita de kevin en la corte se acercaba en un par de meses. Además de la ruptura de nuestra relación por parte de nuestros dos padres, mis padres lo tenían para mí. Me quitaron todos los privilegios telefónicos. Cuando salían de casa, se llevaron los teléfonos con ellos para asegurarse de que no me puse en contacto con Kevin. Solo podía ir a la escuela y a mi trabajo a tiempo parcial; no más actividades extracurriculares. Mis padres habían perdido tanta confianza en mí que ya no podía dormir con la puerta de mi habitación cerrada. Pero para mí, el castigo de mis padres fue pan comido en comparación con lo que tuve que pasar con Kevin.

"Todos los días previos a la fecha de la corte, me presionaba para convencer a mis padres de que retiraran los cargos en su contra. Comenzó a hacerme saltar el almuerzo y encontrarme con él en el edificio vocacional para que pudiera interrogarme. Kevin constantemente me decía que la situación era toda mi culpa, y que era mi obligación sacarlo del apuro. Le creí. Me iría a casa e intentaría hablar con mi madre sobre la retirada de los cargos, pero ella no se movía. Cada vez que regresaba y le decía que los cargos no se retiraban, me golpeaba en la escuela y luego me obligaba a tener relaciones sexuales.

"Cuanto más peleé Kevin y yo, más retraído me volví. Todavía lo amaba con todo mi corazón, pero solo parecía interesado en salir de problemas. A estas alturas, me estaba obligando a tener relaciones sexuales en secreto con él en la escuela todos los días. Ahora estaba teniendo relaciones sexuales con Kevin por obligación, no porque lo amaba. Estaba demasiado asustada para contarle a alguien lo que estaba pasando, y tenía demasiado miedo de confrontarlo por temor a que me golpeara de nuevo. Sentí que mi lealtad era a Kevin en lugar de a mí mismo.

"El estrés y la ansiedad gobernaron mi vida. Estaba lidiando con la tensión en casa entre mis padres y la tensión en la escuela con Kevin. Cada relación en mi vida fue tensa.

"Había intentado y no lo lo había logrado que se retiraran los cargos hasta la noche anterior a su cita en la corte. Kevin finalmente decidió tomar el asunto en sus propias manos y se presentó en mi casa para hablar con mis padres. Mientras nos sentábamos en el sofá, Kevin hizo lo que mejor sabía hacer y habló para salir de los problemas. Se disculpó, suplicó y suplicó a mis padres que lo ayudaran. Juró no volver a desafiarlos nunca más y les aseguró que había aprendido la lección".

Escenas de esa noche pasaron por la mente de Kevin mientras estaba sentado en la sala del tribunal esperando su sentencia por los cargos de allanamiento de morada. Los padres de Whitney no retiraron los cargos, pero dijeron que hablarían en nombre de Kevin en la corte. Estaban decididos a enseñarle una lección y hacerle aceptar la responsabilidad de sus acciones. Kevin y Whitney se sentaron en silencio en la sala del tribunal mientras el juez le dictada una sentencia reducida de servicio comunitario; recoger la basura y limpiar el vecindario.

Recoger la basura los sábados por la mañana durante los próximos dos meses estaba por debajo de Kevin. Se sentía como un ciudadano de segunda clase y no era feliz en absoluto.

Kevin vio cómo su vida se deterioraba una capa a la vez. Ahora tenía antecedentes penales juveniles, los padres de Whitney lo despreciaban y su propio padre había amenazado con matarlo. Para colmo de males, fue eliminado del equipo de baloncesto, a pesar de que era su jugador estrella y había prometido regresar y ayudarlos a tener una temporada ganadora. El equipo lo cortó por despecho.

Whitney se inclinó de cerca mientras hablaba con Karen y Deborah en la sala de reuniones de L.I.P.S. Quería que ambos entendieran y aprendieran de sus experiencias. Ella tenía toda su atención.

Ella continuó: "el viejo dicho es cierto de que cuanto más cambian las cosas, más permanecen igual. En mi último año en la escuela secundaria, como resultado de mi obligación sexual con Kevin, ahora estaba embarazada por tercera vez. Consideré que me quedo con este.

"Mi madre llamó a la madre de Kevin desde la clínica el día de mi cita. Me paré a su lado escuchando en silencio la conversación. Me sentí mal".

'¿Hola? ¿Sra. Little? Sí, esta es la sra. Jordan, la madre de Whitney. Creo que ambos sabemos que toda esta situación se ha ido de las manos. Estamos aquí en el consultorio del médico, y este es el tercer embarazo de Whitney. Estamos pensando en quedarme con el bebé esta vez, y solo estaba llamando para hacérselo saber a usted y a su esposo".

"La madre de Kevin casi se atragantó con sus palabras: '¡Oh, no, no puedes hacer eso! Hay que acabar con esto.

Kevin se va a la universidad este año. Tiene todo su futuro por delante. Ningún hijo mío va a abandonar la escuela y comenzar a trabajar en algún lugar ganando el salario mínimo. Estos niños no pueden darse el lujo de cuidar a un bebé. No son lo suficientemente responsables como para cuidar a un niño. No puedes dejarla hacer esto. ¡Tienes que poner fin a esto ahora!'

"La madre de Kevin ni siquiera me preguntó cómo estaba. Sus padres me odiaban en este punto. Y tampoco estaban muy contentos con él, pero él seguía siendo su orgullo y alegría; Yo, por otro lado, era prescindible.

"Una vez más, Kevin había encantado, mentido y manipulado la situación a su favor. Como las cosas no iban a su manera, decidió castigarme en su lugar. Durante un corto período de tiempo, ya no fui su novia, solo un buen momento ocasional y una liberación sexual cada vez que tenía la necesidad. Me controlaba con miedo y fuerza. Y a pesar de que todavía estaba teniendo relaciones sexuales conmigo, comenzó a salir con otra persona. Cuando le dije a Kevin que estaba embarazada por tercera vez, él negó que fuera suyo, a pesar de que todavía era el único chico con el que había tenido intimidad.

"Kevin también convenció a sus padres de que el bebé no era suyo ya que ya no éramos pareja. Incluso invitó a otra chica a venir a probar su caso. Por supuesto, le creyeron.

"Podía decir por la expresión de mi madre que la sra. Little había dicho algo para enojerla. ' ¿Qué quieres decir con que el bebé no es suyo?", gritó prácticamente al teléfono. "¿A quién más podría pertenecer? Whitney gasta cada minuto de vigilia con tu hijo, y sé a hecho que ella está enamorada de él, así que sé que este bebé es suyo, al igual que los otros dos".

"La madre de Kevin estaba hablando tan fuerte en este punto, que podía escucharla desde varios pies de distancia. ' Kevin y Whitney ya ni siquiera están saliendo. Mi hijo se dirige a la universidad, y no voy a dejar que Whitney lo atrape y le fije este embarazo. ¡Tiene un futuro brillante por delante, y no voy a dejar que ella lo arruine!

"A todos los efectos, la conversación había terminado. La Sra. Little todavía estaba hablando, pero mi madre colgó el teléfono en silencio.

"La enfermera salió y nos acompañó a una de las salas de examen. Por primera vez, vi a mi bebé en la ecografía. Finalmente se hizo real para mí que este era un niño, una vida que Kevin y yo habíamos creado juntos. Me convencí a mí misma, y traté de convencer a mi madre, de que podía criar a este bebé. No quería terminar otro embarazo. Miré a mi madre y ella solo miró al espacio. El médico me dejó guardar una copia de la ecografía y siguió adelante con el procedimiento. Contra mi voluntad, me sometí a mi tercer aborto en tres años.

"Después del aborto, Kevin y yo nos mantuvmos alejados el uno del otro durante un par de semanas. Mis amigas me convencieron de ir al baile de graduación con ellas. Kevin fue tan lejos como para tomar a otra chica. Esa noche, cuando nos vimos, las chispas volaron de nuevo. Se llevó su cita a casa y me invitó a su habitación de hotel esa noche por unas horas.

"Kevin trató de explicar su comportamiento. Me dijo que mintió a sus padres acerca de que el bebé no le pertenecía porque todavía estaba enojado conmigo. Kevin sintió que no hice lo suficiente para evitar sus cargos de allanamiento de morada juvenil. Me dijo que había comenzado a ver a otra chica para asegurarse de que no se metiendo en ningún problema por dejarme embarazada de nuevo. Me dijo que lo sentía y que me amaba. Las excusas de Kevin eran creíbles para mí y reavivamos nuestra relación".

Whitney miró a Deborah y Karen y dijo: "Ojalá hubiera usado un mejor juicio al tomar mis decisiones. Había mil señales de advertencia de que Kevin era un problema, pero el amor puede ser cegador, especialmente cuando eres joven e ingenuo. Mi profesor de inglés de la escuela secundaria solía decir siempre que "el buen juicio proviene de la experiencia, y la experiencia proviene del mal juicio". Ahora entiendo lo que quiso decir".

Whitney se puso de pie y comenzó a enderezar las sillas en el aula. Dio las buenas noches a las dos mujeres, apagó las luces y se dirigió a casa por la noche. Pensó en las ocho mujeres que habían asistido al grupo L.I.P.S. esta noche; al menos uno terminaría de nuevo en la misma relación abusiva de la que ya había escapado, y todo el ciclo comenzaría de nuevo.

Estadísticas asombrosas se lanzaron por su cabeza mientras caminaba hacia su auto. No importa cuánto daba conferencias y entrenaba, parecía que no era suficiente. Whitney sabía que en algún lugar del país los abusadores todavía estaban victimizando a otras mujeres. Cada año, más de cuatro

millones de mujeres sufrieron abuso en los Estados Unidos, lo que resultó en tres muertes por día. En el 30 por ciento de esos casos, el abuso estaba en curso. Debe haber algo más que pueda hacer, pensó Whitney para sí misma. 'Cuántas mujeres más tuvieron que sufrir; ¿cuántas mujeres más tuvieron que morir?'

Capítulo 4: "Señales de advertencia"

En retrospectiva, no había excusa para arriesgar mi vida y permanecer en una relación tan violenta y poco saludable con Kevin. Pero todavía lo amaba. Todas las señales de advertencia estaban allí, pero elegí ignorarlas. Creo que hay un punto de no retorno, en el que estás demasiado profundo para salir por tu cuenta. Se necesita un acto de Dios, o una situación de vida o muerte, para que te des cuenta de lo desesperada que se ha vuelto la situación.

Mi último año de escuela secundaria marcó el comienzo de la oportunidad de un nuevo comienzo. Kevin había sido aceptado en la universidad en Virginia y planeaba irse al final del verano y comenzar su primer año. Estaba lista para tener una vida normal como todos mis otros amigos adolescentes.

Como era típico de nuestra rutina, Kevin y yo volvimos a estar juntos la noche de nuestro baile de graduación, y estuvimos juntos todo el verano. Nuestros padres acababan de renunciar a tratar de mantenernos separados. Supongo que esperaban que este fuera nuestro último verano juntos desde que Kevin se iba a la universidad.

Como de costumbre, nuestros veranos fueron geniales. Era como si fueramos las dos únicas personas que existían en el mundo. Pero cuando el verano llegó a su fin, el viejo ciclo comenzó de nuevo. Él abusaba de mí, me obligaba a tener relaciones sexuales y controlaba cada uno de mis movimientos.

Secretamente, esperaba y oraba por el día en que él se fuera a la universidad y encontrara a alguien nuevo, dejándome atrás para siempre.

La semana antes de que Kevin se fuera a la escuela, estableció las reglas básicas para nuestra relación. No podía tener amigos varones. No debía socializar con ningún niño durante el día escolar. Debía asistir a clase, almorzar e irme a casa. No se me permitió participar en ninguna actividad extracurricular, y pasar el rato con mis amigos estaba totalmente fuera de discusión.

Me ofrecieron un lugar en el equipo de porristas sin siquiera tener que probar y él dijo "no". Kevin fue tan lejos como para elegir la ropa que era aceptable para mí usar.

Incluso después de que se fue, me llamaba todas las noches para interrogarme: '¿Qué hiciste en clase hoy? ¿Qué te poneste para ir a la escuela? ¿Con quién hablaste? ¿A qué hora llegaste a casa? ¿Por qué te tomó tanto tiempo llegar a casa?' Tuve que repetir las mismas respuestas una y otra vez hasta que él estaba satisfecho de que estaba diciendo la verdad. Yo era un prisionero en mi propia casa, aunque él estaba a cientos de kilómetros de distancia. Pasé todo mi último año en la escuela secundaria peleando con Kevin y perdiéndome algunos de los eventos más divertidos y memorables de mi vida.

Oré para que nuestra relación mejorara, pero solo empeoró. Esperaba que Kevin se relajara y se diera cuenta de lo mucho que realmente lo amaba, pero no lo hizo. Sus celos continuaron creciendo, lo que solo intensificó el abuso cuando llegó a casa los fines de semana.

Como Kevin estaba ausente en la universidad, ya no podía mirarme y monitorear cada uno de mis movimientos, por lo que encontró nuevas formas de controlarme. Estaba trabajando a tiempo parcial para ganar algo de dinero extra, pero la mayor parte de eso fue para Kevin.

Aunque yo era el que trabajaba y Kevin no, comenzó a controlar mi cheque de pago. Me amenazaba y me obligaba a comprar toda su comida y bocadillos para llevarla a la escuela. Pronto, la mayor parte del dinero que hice iba a apoyarlo mientras estaba fuera de la universidad, a pesar de que sus padres todavía estaban financiando toda su educación universitaria. El abuso financiero se convirtió en una forma más para que él me controlara.

Inicialmente, pensé que la universidad pondría cierta distancia entre Kevin y yo, pero me equivoqué. Todos los viernes, Kevin venía a casa con todas sus pertenencias, incluida la televisión. Él también habría traído el refrigerador, pero no cabría en el auto. No confiaba en sus compañeros de cuarto en el campus, así que cada fin de semana empacaba y desempacaba, y regresaba a casa para aterrorizarme de nuevo.

Un día Kevin me recogió y nos dirigimos de regreso a su casa. Casualmente miré el auto que estaba a nuestro lado en la luz. Por casualidad resultó que había un conductor masculino en el automóvil. Kevin inmediatamente comenzó a acusarme no solo de conocer a esta persona, sino también de acostarse con él. Empecé a reírme porque sus acusaciones eran escandalosas para mí. Kevin no vio el humor. Tomó su puño y lo balanceó directamente en mi cara. Eso resultó en mi primer ojo morado.

Esa noche, después de convencerlo de que lo que estaba pensando no era cierto, finalmente se calmó y me dio una bolsa de hielo para mi ojo. Antes de que todo terminara, mi ojo había girado todos los colores del arco iris. Lo escondí durante dos semanas. Pero antes de que mi ojo sanara por completo, uno de mis primos me vio sin maquillaje y le dijo a mi madre la verdad. Ella exigió una explicación.

Le mentí y le dije que Kevin y yo salimos de un restaurante de comida rápida y que él conducía demasiado rápido. Mientras me inclinaba hacia el tablero para sacar la comida de la bolsa, Kevin pisó los frenos para evitar golpear a otro vehículo. Le expliqué que mi cara se estrelló contra el tablero y me dio un ojo morado, así de simple. Mi mamá sabía que estaba mintiendo.

Pero no importa lo mal que se pusieron las cosas, Kevin y yo todavía nos amábamos y tratamos de hacer que nuestra relación funcionara. La rutina continuó. Y cada discusión terminaba con Kevin disculpándose profusamente, rogándome que lo llevara de vuelta, y él diciéndome cuánto me amaba.

Era tan predecible.

En casa, las cosas todavía estaban muy tensas entre mis padres. Mi madre comenzó a pasar más tiempo fuera de casa, en compañía de otros amigos varones. Mi padrastro parecía estar en su propio mundo también. Pasaron tanto tiempo discutiendo, que nadie se dio cuenta de lo mal que me estaba doliendo. Mis padres se separaron durante mi último año. Mi madre se mudó y tomé la decisión de quedarme y vivir con mi padrastro.

Mi padrastro me había hecho una oferta que no podía rechazar. Dijo que si me quedaba con él y cocinaba y limpiaba la casa, permitiría que Kevin se quedara conmigo cuando llegara a casa los fines de semana. Fue una obviedad, y acepté fácilmente la oferta. Como tenía esta nueva libertad, pensé que Kevin ya no abusaría de mí. Me equivoqué. Como solo estámos mi padrastro y yo en la casa toda la semana, Kevin me acusó de acostarme con él también, y luego me castigó por ello.

En situaciones tan malas, las cosas rara vez mejoran sin algún tipo de intervención. Un viernes por la noche, cuando había llegado a casa de la escuela, Kevin estaba llevando a cabo su habitual aluvión de preguntas. Excepto esta vez en particular, él absolutamente no creía una palabra que estaba diciendo. Estaba convencido de que mi padrastro y yo habíamos estado durmiendo juntos toda la semana.

Lo siguiente que supe fue que me pateó en el pecho con tanta fuerza que me di la vuelta hacia atrás a través de la cama y golpeé el suelo. Estaba tan indignada con él que tomé un marco de fotos y se lo tiré, y en el proceso me corté el dedo tan profundamente que terminé teniendo que conseguir puntos de sutura. Cuando mi padrastro llegó a casa, me llevó al hospital. Sabía que sospechaba que Kevin todavía estaba abusando de mí, pero nunca preguntó y nunca se lo dije.

El abuso continuó aumentando. Cuanto más hacía para convencer a Kevin de que le era fiel y lo amaba, más sospechoso e inseguro se volvía. Comenzó a cortarme con cuchillos aburridos para "enseñarme una lección".

Recuerdo una vez cuando habíamos salido y nos habíamos metido en otra discusión. Kevin me llevó por un camino trasero y me hizo salir del auto. Había un montón de botellas de cerveza vacías que recogió y comenzó a arrojarme para castigarme.

La dura realidad de la situación se hizo evidente cuando se presentó inesperadamente en mi trabajo a tiempo parcial, me dio un puñetazo en la cara, me fracturó la nariz y salió como si no hubiera hecho nada.

Inmediatamente caí al suelo. Mi supervisor me ordenó que fuera al hospital, pero no lo hice. Mi novia y su madre querían que presentara cargos, pero no lo hice.

Se pusieron en contacto con mi padrastro y le hicieron saber lo que había sucedido. Recuerdo que entró en mi habitación y se sentó en mi silla y dijo: "Si no dejas a este tipo, te va a matar". Y esta vez le creí.

Rompí mi relación con Kevin. Había decidido que el abuso era más de lo que podía manejar. Por supuesto que no me lo puso fácil, pero simplemente lo ignoré a él y a sus llamadas telefónicas y traté de seguir adelante con mi vida.

Dios tiene una manera divertida de hacer que tu atención. A veces habla con voz a quieta y pequeña, y otras veces, habla con luces, sirenas y un megáfono. Desafortunadamente, escuché la advertencia dos años antes, pero la ignoré. Finalmente estaba recibiendo el mensaje.

Una de las amigas de mi madre, Linda, había estado en una relación abusiva y me dijo que estaría dispuesta a escuchar si alguna vez quería hablar. Todo lo que estaba pasando, Linda ya lo había experimentado.

Me gustó mucho Linda. Era como esa tía genial favorita con la que todos los niños querían quedarse durante las vacaciones o las vacaciones de verano. Linda era inteligente y divertida y siempre tenía una sonrisa en su rostro. Linda tuvo dos hijos, y su novio Brian tuvo cuatro, de sus matrimonios anteriores. Cómo Linda terminó con alguien como Brian, nunca lo sabré.

Recuerdo que mi madre me dijo que la tía de Linda había fallecido y que el funeral era el sábado. Linda y mi madre habían hecho planes para reunirse después del funeral. Mi madre me dijo que Linda también había dejado a Brian. Supongo que estaba harta del abuso y finalmente decidió irse.

Brian no lo estaba tomando bien y ni siquiera recogió su cheque de pago ese viernes. Esa fue la primera señal de advertencia.

Ese sábado por la mañana Linda llamó a la casa. Quería que le dijera a mi mamá que la llamara cuando llegara a casa. Todavía planeaban reunirse más tarde después del funeral de su tía. Nunca tuvieron la oportunidad.

En su mayor parte, el servicio funerario fue sin incidentes. Mientras bajaban a la tía de Linda al suelo, Brian se acercó a Linda y le dijo: "Si no puedo tenerte, nadie lo hará", y le disparó a corta distancia en el pecho.

Brian luego corrió hacia el bosque y se disparó en la cabeza. Linda murió en la tumba.

Brian tuvo cuatro hijos y Linda dos. Ahora ambos estaban muertos, y seis niños se quedaron sin su madre y su padre. Ese día aprendí una valiosa lección sobre la violencia... afecta a todos los que están involucrados, y tiene la capacidad de arruinar varias vidas a la vez.

La realidad del abuso se activó cuando vi a Linda acostada en ese ataúd. No podía creer que estuviera muerta. Esperaba ver esa gran sonrisa hermosa en su rostro, pero en cambio vi un ceño fruncido. Mi madre explicó que cuando Linda vio a Brian con esa pistola, estaba tan asustada que su última expresión era un ceño fruncido. El enterrador no pudo aflojar los músculos de su cara para hacerla sonreír de nuevo.

Después del funeral de Linda, pensé mucho en ella. Su vida había terminado prematuramente, y mi vida estaba exactamente en el mismo camino. En las semanas previas a su muerte, Linda prácticamente me rogó que rompiera con Kevin, porque ella sabía y entendía por lo que estaba pasando.

Sabía que mi situación era grave, pero nunca se registró en mi mente que Kevin podría intentar matarme. Él me amaba. "¿Cómo podrías matar a alguien que realmente amas?", reflexioné en mi mente.

Por otro lado, una nueva sensación de miedo comenzó a evolucionar en mi mente. Algunas de las cosas que Brian le había dicho a Linda, Kevin también me las había dicho. Cuando intentó irse, terminó muerta. ¿Podría realmente pasarme lo mismo a mí? Sabía que romper con él solo empeoraría las cosas, pero estaba dispuesto a arriesgarme. La muerte de Linda fue una llamada de atención, pero ¿cuánto tiempo escucharía?

En primavera, pude ver la luz de la graduación al final del túnel. Había solicitado y sido aceptado en la universidad comunitaria y vi esto como mi oportunidad de alejarme de Kevin y comenzar una nueva vida. Esta relación me había robado mi juventud y mis años de escuela secundaria, pero no quería perder los años universitarios también.

Cada año en la escuela secundaria, la tradición del "día de salto para personas mayores" continuó. Esa fue la única vez que los estudiantes pudieron faltar a clase sin temor a castigos o represalias. Mis amigas y yo fuimos al lago para un día de diversión. Dado que los estudiantes universitarios ya habían salido para el verano, eso significaba que Kevin era libre de estrellar el evento, y lo hizo. Varios de los chicos de mi clase se encargaron de mantenerlo alejado de mí, porque, por supuesto, todos sabían sobre "la pareja que pelea".

Era bien sabido que Kevin y yo estábamos oficialmente separados. Los chicos del lago de mi escuela le habían asustado lo suficiente como para mantenerlo alejado de mí. Estaba seguro de que esta fase de mi vida finalmente estaba terminando, y un nuevo capítulo estaba comenzando.

Al final de mi último año, probé por primera vez la verdadera independencia. Mi madre y mi padrastro se habían reconciliado y reavivado su relación y estaban haciendo planes para mudarse a Georgia, sin mí. La relación entre mi abuela y yo se había deteriorado debido a la decisión que tomé de quedarme con mi padrastro en lugar de con mi madre cuando se separaron por primera vez. Supongo que eso era el equivalente a la traición en lo que respecta a la familia.

Y en cuanto a mi verdadero padre, no había tenido noticias de él ni había hablado con él en años. Ahora, estaba solo, pero no por mucho tiempo.

Kevin regresó a mi vida el día de mi graduación. Me dijo que todo el tiempo que habíamos pasado lejos el uno del otro le hizo ver el error de sus caminos y juró no volver a abusar de mí.

Me dijo cuánto me amaba y cómo no podía vivir sin mí. Ahora éramos adultos, razoné, y seguramente podríamos hacer que nuestra relación funcionara. Creí que se había tomado en serio mi partida y que no me volvería a hacer daño. Ahora que ya no estábamos sujetos a las reglas de nuestros padres o a sus intentos de rompernos, podíamos comenzar una nueva vida juntos.

En el fondo sabía que volver con Kevin sería el mayor error de mi vida. Pero me enamoré de su juego, y volvimos a estar juntos.

El amor te hace hacer locuras. El verano de 1992 parecía el año más caluroso registrado. Me había graduado de la escuela secundaria el mismo sábado que mis padres se mudaron a Georgia. Esa noche Kevin y yo pasamos la noche en un hotel haciendo planes para nuestro futuro. Estaba planeando ir a la universidad en el otoño y Kevin regresaba solo si conseguía un auto nuevo para acompañarlo.

Ese domingo estaba programado para ir a trabajar, pero Kevin me convenció de no ir y pasar el día con él. Mientras nos alejábamos de mi trabajo, sin que yo lo supiera, mi jefe me vio irse. No hace falta decir que me despidieron. Supongo que debería haberlo visto venir. Hubo muchos casos en los que tuve que llamar enfermo, o herido, debido a mis lesiones pasadas de Kevin. Mi supervisor finalmente tuvo suficiente. Y cuando llamé para informarle que no estaría en el trabajo ese día, me informó que ya no tenía trabajo.

Me gradué el sábado, me despidieron el domingo y me quedé sin hogar el lunes. Para entonces, mis padres se habían mudado, mi abuela me había repudiado y Kevin era todo lo que me quedaba.

Cuando los padres de Kevin se negaron a comprarle un auto nuevo, él se rebeló y se negó a volver a la escuela. Y como se negó a ir a la escuela, dejaron de pagarle. Los dos estábamos solos.

Kevin y yo vivimos juntos en su coche durante todo el verano.

Él no estaba trabajando, y yo tampoco. Él no tenía dinero, y yo tampoco.

Todas las mañanas, después de que los padres de Kevin se fueron a trabajar, irrumpimos en su casa para ducharnos y asaltar el refrigerador. Durante el día, aparcamos detrás de un almacén abandonado para conservar el gas y mantenernos frescos. Cenamos pidiendo comida a nuestros amigos que trabajaban en los restaurantes locales de comida rápida. Y Kevin me hizo rogar por dinero de nuestra familia y amigos cada semana. Por la noche, dormíamos en el estacionamiento del hospital.

Todo lo que tenía estaba en el maletero del coche. No pensé que las cosas pudieran empeorar mucho... pero claro, lo hicieron. El calor solo intensificó la fricción entre nosotros. Ahora era capaz de dictar mi vida de nuevo, y yo no tenía suficiente confianza e independencia para desafiar sus órdenes. En su mente, todo era "el mundo según Kevin".

Y cuando violé su orden mundial, había un alto precio que pagar. Me sentí como un prisionero. Kevin me culpó de todo, y tuve los moretones para demostrarlo.

Una mañana, fuimos a la casa de sus padres, pero su madre aún no se había ido. Ella nos vio afuera y marcó el auto. Basta ya. Querían que Kevin volviera a casa e fuera a la escuela. Todavía no tenía a dónde ir. Sus padres estuvieron de acuerdo en que podía quedarme con ellos durante una semana mientras encontraba otro lugar para vivir. Después de que terminó esa semana, Kevin continuó colándome por la ventana de su habitación y me hizo dormir en el suelo en el pequeño armario de su habitación. Una noche no pude soportarlo más y me quedé dormido en la cama. Cuando sus padres se dieron cuenta de que todavía me quedaba en su casa, me echaron.

Decidí tomar el asunto en mis propias manos. Llamé a mi prima en Richmond, VA, y le pedí que viniera a buscarme. No lo hablé con Kevin. Solo sabía que era hora de irme. No llegué a la fecha límite para inscribirme en la escuela, así que en su lugar me mudé a Virginia.

A instancias de sus padres, Kevin consiguió un trabajo trabajando en un club de salud. Como no le estaban consiguiendo un auto nuevo, y no iba a volver a la escuela, tuvo que hacer algo. Comenzó a hacer una comisión de ventas bastante decente y me convenció para que me mudara a casa para que pudiéramos comenzar una vida juntos.

El mismo círculo vicioso comenzó de nuevo. Kevin me envió un boleto de autobús y llegué a casa un sábado. Lo despidieron el lunes siguiente, y yo estaba justo donde empecé. No tenía nada y no tenía a dónde ir.

Volvimos al lago en mi antigua ciudad natal y tuvimos una conversación muy larga. Decidimos alejarnos y empezar de nuevo. En lugar de ir a la universidad y perseguir nuestros sueños, estábamos aprendiendo a sobrevivir.

Kevin y yo empacamos todas nuestras pertenencias y condujimos a un pequeño pueblo llamado Bridgewater a una hora de distancia.

No conocía a mucha gente allí, pero recordé que mi madre había vivido allí cuando se separó de mi padrastro, así que seguí sus pasos y me puse en contacto con su antiguo casero.

Había una boutique en el bridgewater mall. Conseguí una entrevista y me ofrecieron un trabajo en el acto. Llamé a otra prima en Nueva York y le pedí que me enviara dinero para conseguir mi primer apartamento. Kevin consiguió un trabajo a tiempo parcial en una tienda cercana en el centro comercial. Finalmente, las cosas se estaban uniendo, y Kevin y yo nos mudamos a nuestro primer lugar juntos.

Nuestro nuevo hogar era un pequeño y ásito apartamento estudio que tenía unos 600 pies cuadrados. No era mucho, pero era nuestro; en realidad, era mío, porque todo estaba a mi nombre. Todos a nuestro alrededor eran pobres, y nosotros también.

No teníamos ningún mueble en absoluto. Viejas sábanas floreadas de mi cama doble de la infancia colgadas en la pared como cortinas. No teníamos cama, así que dormimos en un colchón viejo en el piso de la sala de estar y vimos tres canales en el televisor a color de 13 pulgadas de Kevin.

Por supuesto, Kevin no estaba satisfecho y sintió como si este "agujero de rata" estuviera debajo de él. Constantemente lloriqueaba y se quejaba. No le gustó el apartamento. No le gustaban nuestros vecinos. No le gustaba el propietario. No le gustaba mi trabajo. No le gustaban mis compañeros de trabajo.

Cuanto más frustrado se volvía, más violento se volvía su comportamiento. Para aliviar su frustración, me golpeaba y luego me obligaba a tener relaciones sexuales. Ahora que vivíamos juntos, decirle "no" no tenía sentido.

Ninguno de los dos estaba listo para tener un bebé, pero no teníamos suficiente dinero para pagar el control de la natalidad. Cuando me enteré de que estaba embarazada de nuevo, conseguí un segundo trabajo. Después de la tensión física y mental de tener tres abortos, terminar este embarazo no era una opción. Todos los días trabajaba de 8:00 a 2:00 de la tarde como empleado en la farmacia local, y luego iba a la boutique de 3:00 a 9:00 de la noche.

Kevin perdió su trabajo en la tienda de electrónica en el centro comercial, así que me convertí en el único proveedor de nuestro hogar. Él, por otro lado, se sentó en la casa todo el día viendo la televisión y se le ocurriendo cosas sobre las que discutir. Se negó a volver a la escuela y se negó a trabajar. Literalmente se sentó y se puso de mal humor.

No teníamos suficiente dinero para comprar nada extra. Las facturas de alquiler y comestibles se llevaron casi todo lo que teníamos. No podía pagar la ropa de maternidad, así que usé las sudaderas de Kevin y la ropa de la vieja escuela para trabajar. Solicité asistencia pública para recibir el tratamiento prenatal adecuado durante mi embarazo. Kevin estaba furioso porque yo "me agachaba tan bajo" como para pedir ayuda externa. Pero como no estaba trabajando ni ganando dinero, no había mucho que decir.

Al trabajar en el centro comercial, comencé a conocer a mucha gente y a hacer muchos nuevos amigos. Esto enfureció a Kevin. Por alguna razón, continuó pensando que lo estaba engañando. Sus inseguridades continuaron creciendo y causando estragos en nuestra ya tensa relación. Pensé que tener un hijo juntos haría que Kevin creciera, actuara más maduro y me tratara mejor. Pero en cambio, tuvo el efecto contrario. De alguna manera sabía que al tener a su bebé, nunca lo dejaría. Él sabía cómo me sentía acerca de querer mantener a mi familia unida, así que eso le dio rienda suelta para actuar como quisiera y sacar todas sus frustraciones sobre mí.

Kevin todavía me abofeteó y me empujó hasta que mi embarazo comenzó a mostrarse. El abuso físico flagrante comenzó a disminuir a medida que avanzaba el embarazo, pero el abuso mental, verbal y emocional aumentó. Como no quería arriesgarse a lastimar al bebé, Kevin tuvo que encontrar otras formas de controlarme manteniéndome en un estado de miedo y vulnerabilidad constantes.

Comenzó a ser aún más controlador y posesivo. Se volvió muy pegajoso; no quería que estuviera fuera de su vista o incluso que hablara con otro hombre, incluido mi médico. Vino conmigo a cada cita con el médico que tuve, e incluso se quedó en la habitación durante todas mis visitas de obstetricia / ginecología.

Un día mi médico quiso interrogarme sin Kevin en la habitación, pero Kevin no iba a por ello. Dijo que si el médico tenía algo que preguntarme, podía preguntarme frente a Kevin. El médico le preguntó si todo estaba bien porque rara vez había visto a un padre joven venir a cada visita prenatal. Era peculiar, por decir lo menos.

Me ofendió un poco la pregunta, pero Kevin se lo dijo bastante bien. Aunque el médico tenía razón en que algo andaba mal, no dije una palabra. En ese momento, no lo vi como un problema. Me alegré de que Kevin estuviera feliz con el bebé, y me sentí aliviada de que no me golpeara, abofeteaba o golpeara todos los días.

Como cualquier madre sabe, estar embarazada en verano es miserable en las mejores circunstancias. Estar embarazada, en bancarrota, sobrecargado de trabajo, cansado y abusado en el verano es decididamente insoportable. La naturaleza de nuestra relación era la de la gasolina y un fósforo iluminado esperando para conectarse.

Cerca del final de mi embarazo, era difícil para mí conducir al trabajo, así que de vez en cuando Kevin me dejaba y me recogía por las noches. Un día, cuando puso el auto en reversa, no se movió. El motor continuó revolucionando, pero el auto no se movió. Kevin miró debajo del capó y me informó que la marcha atrás había explotado. No teníamos el dinero para arreglarlo, así que Kevin simplemente empujó el auto hacia atrás en la calle, hasta que pude cambiar a conducir y avanzar.

Justo cuando consiguió que el auto volviera a moverse, le informé que tenía que usar el baño, un síntoma común para las futuras mamás. Estaba enfurecido. Salió del auto y lo empujó hacia atrás para poder volver al camino de entrada. Me ordenó que me apurara mientras esperaba afuera. Terminé y volví al lado del conductor y me metí. Kevin empujó el auto de regreso a la calle para que pudiéramos volver a movernos. Quería reírme, pero sabía que eso comenzaría una pelea.

Kevin volvió al asiento del conductor y comenzó a ajustar el espejo retrovisor. Usó demasiada fuerza y el espejo se rompió y cayó al suelo. Nos sentamos allí en silencio por un momento. Kevin estaba furioso. Comenzó a maldecir. Sin dudarlo un momento, arrojó el espejo retrovisor roto hacia la parte trasera del automóvil y rompió el parabrisas trasero. Grité y me agaché para evitar ser golpeado por fragmentos de vidrio volador. Durante un rato, cabalgamos con vidrios rotos en el asiento trasero. Compramos un poco de cinta adhesiva y plástico transparente para cubrir la ventana abierta.

Kevin odiaba el auto en este punto, pero era el único transporte que teníamos. Todavía estaba furioso porque sus padres se habían negado a comprarle uno nuevo. Y cada semana, algo diferente salía mal con el coche. A finales de junio, el coche no tenía marcha atrás, ni aire acondicionado, ni espejo retrovisor, ni parabrisas trasero ni faros. Éramos un accidente de tráfico esperando a suceder.

La policía nos detuvo al menos 10 veces por el mal estado del coche que conducíamos. Recibimos multas de advertencia, citaciones y amenazas de remolcar el auto si no lo arreglábamos. En un rápido viaje a la tienda de comestibles, me detuvieron de nuevo. El oficial parecía familiar porque nos había detenido hace varias semanas. Se acercó a mí por el lado del conductor.

"Buenas tardes, señora. ¿Sabes por qué te detuve?"

"Sí señor. Por el parabrisas roto".

"Sí, señora. Pero también te detuve hace unas semanas y te dije que arreglaras este auto. ¿Por qué aún no lo has arreglado?"

"Señor, no tengo el dinero".

"¿Ya arreglaste esos faros?"

"No señor".

"Bueno, odio hacerte esto, pero voy a tener que remolcar el auto. ¿Entiendes?"

No dije nada.

"Señora, ¿entiende?"

Silencio.

"Señora, ¿está bien?"

Comencé a respirar respiraciones cortas y superficiales y a frotarme el estómago. "Aaah", grité. "Oh, Dios mío, sentí una contracción. ¡Creo que me voy a poner de parto!"

"Está bien, señora, cálmese. ¿Necesitas que llame a una ambulancia?"

"No, solo necesito llegar a casa y acostarme. Puedo llamar a mi médico desde allí. Vivo a solo un par de millas de aquí, pero realmente necesito ponerme en marcha oficial".

"Muy bien, señora, la voy a dejar ir, pero la próxima vez que la atrape aquí en este vehículo sin las reparaciones necesarias, la voy a remolcar. ¿Entiendes?"

"Sí señor. Gracias, señor. Que tengas un buen día".

Salí a toda velocidad y me dirigí hacia la tienda de comestibles, aliviado de no recibir otra multa de tráfico.

Había mantenido mi embarazo en secreto una vez más hasta que estaba embarazada de unos cinco meses. Habíamos decidido quedarse con este bebé y formar una familia. Un domingo por la tarde, los padres de Kevin aparecieron en la casa inesperadamente, así que, por supuesto, no pude ocultarlo más. Estaban felices por nosotros y querían asegurarse de que todo saliera bien con el bebé. Después de su visita, decidí informar al resto de la familia también. Incluso me puse en contacto con mi padre biológico. El bebé debía nacer en el mes de julio, así que mi primo incluso planeó un baby shower para la celebración del 4 de julio.

Un par de semanas antes de que el bebé estuviera a la espera decidimos mudarnos a un apartamento mucho más bonito. Los padres de Kevin nos habían dado su antiguo dormitorio, sala de estar y cocina. Mi abuela incluso nos dio algunas cortinas reales para poner. Todavía no era a lo que Kevin estaba acostumbrado, pero estaba un poco más feliz.

Trabajé hasta el mismo día en que entré en trabajo de parto. Después de 24 largas e intensas horas de trabajo de parto, nuestra primera hija, una hermosa y saludable niña llamada Brianna, nació el 3 de julio. El nacimiento de mi primer hijo fue agridulce debido a que ese mismo día, mi bisabuela estaba siendo enterrada. Había muerto a la edad de 103 años. La vida tiene coincidencias tan extrañas; el paso de una vida marcó el comienzo de otra.

Pude volver a casa al día siguiente y el baby shower continuó según lo planeado. Recibimos tantas cosas nuevas y agradables para el bebé. Teníamos todo lo que necesitábamos, así que no tuve que comprar nada.

Los padres de Kevin se dieron cuenta de que tener un hijo juntos crearía para siempre un vínculo entre su hijo y yo. Y ahora que vivíamos juntos y teníamos un hijo como parte de la ecuación, finalmente decidieron comunicarse con nosotros. Preocupados por la seguridad de su primer nieto, sus padres coronaron el baby shower regalándonos un coche usado. Era un buen coche, nada demasiado elegante, pero los faros y todas las marchas funcionaban, y tenía aire acondicionado y un parabrisas trasero.

Tener un coche nuevo fue el primero de muchos pasos en la dirección correcta para nosotros. Teníamos un apartamento nuevo, y conseguí un nuevo trabajo que pagaba más y proporcionaba beneficios de salud. Ahorramos dinero en la guardería al dejar que Kevin se quedara en casa y cuidara a nuestra hija. A pesar de nuestro progreso, todavía no fue suficiente para Kevin.

Con un nuevo bebé en la casa, me di cuenta de que Kevin era un padre mucho mejor para nuestro hijo de lo que era como novio para mí. Amaba a nuestra hija y se preocupaba por todas sus necesidades. A pesar de las dificultades en nuestra relación, ser padre era lo único que le entusiasmaba.

Más que nada, creo que a Kevin le molestaba el hecho de que no había terminado la escuela y se había convertido en abogado o jugador profesional de baloncesto. Sabía que me culpaba. Las posiciones de salario mínimo eran un insulto para él, y honestamente sentía que estaban por debajo de él. Entonces, en lugar de "conformarse" con menos de lo que quería, Kevin decidió quedarse en casa y no hacer nada en absoluto.

Mi ética de trabajo era muy diferente a la de Kevin. Al crecer, vi cómo el materialismo podía destruir una familia, y tomé la decisión desde el principio de trabajar por lo que quería. No sentía que fuera mejor que nadie, y estaba dispuesta a hacer lo que fuera necesario para mantener a mi familia. Por otro lado, Kevin creció con un sentido de derecho, y sintió como si el mundo de alguna manera le debiera algo.

Las cosas comenzaron a caer en su lugar, así que dimos otro paso en la "dirección correcta". Como la mayoría de las niñas, había soñado con conocer a mi príncipe azul y cómo me barrería de los pies y se pondría de rodillas para proponerme matrimonio. Imaginé una hermosa boda en la iglesia donde usé un vestido de novia blanco radiante y un velo impresionante. Nuestra familia y amigos vendrían a presenciar cómo mi prometido y yo intercambiémos nuestros votos matrimoniales y comprometimos el resto de nuestras vidas el uno con el otro.

Entonces me desperté.

Con el nuevo bebé y un coche nuevo decidimos reparar algunas relaciones familiares e ir a visitar a mi padre biológico en Nueva York. Mi familia y yo estábamos sentados hablando, y una de mis tías sugirió que Kevin y yo nos casemos.

"Whitney, tú y Kevin tienen un hijo juntos ahora. ¿Por qué no haces lo correcto y lo haces oficial?"

Kevin y yo solo nos miramos. Se encogió de hombros y se volvió para ver el partido de fútbol en la televisión. Cuando le dije a mi padre biológico que nos íbamos a casar, llevó a Kevin a un lado en la habitación y habló con él por un tiempo.

Nunca supe de qué se trataba su conversación. Recuerdo que mi padre me preguntó si estaba seguro de mi decisión. Me hizo saber que solo porque tuviera un hijo con Kevin no significaba que tuviera que casarme con él. Confirmé que mi decisión era definitiva y le pedí que me llevara por el pasillo.

En el viaje de regreso a casa, Kevin y yo discutimos los planes de boda. Con la fecha establecida para lo siguiente

Julio, tuvimos menos de un año para prepararnos. Por supuesto, hice todo el trabajo. Kevin nunca me propuso matrimonio.

Teniendo en cuenta todo lo que habíamos pasado, ¿quién hubiera pensado que me casaría con Kevin? Sabía que lo amaba, pero honestamente, eso no fue suficiente. Desde que era una niña pequeña y me di cuenta de lo mucho que me dolía no tener a mis dos padres en mi vida, estaba decidida a que si alguna vez tenía hijos, haría que mi relación funcionara. Absolutamente no quería que mis hijos crecieran sin uno de sus padres.

Entonces, me tragué mi orgullo y me convencí de que todo estaba bien. Todo el tiempo que estuve planeando la boda, Kevin y yo no peleamos. Era como si finalmente hubiera encontrado al hombre del que me había enamorado en la escuela secundaria. Creía que sería un buen padre y esposo. Me casé tanto por mi niña como por mí misma.

Tuvimos una boda al aire libre en el patio de mi abuela. Nuestra boda fue el día antes del primer cumpleaños de Brianna. Todos parecían felices por nosotros. Aunque sabían lo difícil que había sido la relación con nuestras familias en el pasado, los padres de Kevin nos apoyaron y ayudaron a pagar la boda. Mi padre biológico me acompañó por el pasillo y nos dio $ 1,500 para ayudarnos a comenzar una nueva vida juntos. Hasta el día de hoy, todavía no sé por qué le pedí que me llevara por el pasillo en lugar de mi padrastro que había estado allí para mí cuando lo necesitaba. Pero sé que mi padrastro estaba molesto porque no asistió a la boda.

Mi mamá no aportó nada más que parecer preocupada, y mi abuela no dijo nada en absoluto. Kevin parecía preocupado y desinteresado en la boda. No parecía que realmente le importara casarse de una manera u otra.

Mientras estuvimos juntos, eso fue lo suficientemente bueno para él.

Me tomé en serio mis votos matrimoniales. Y cuando dije las palabras, "para bien o para mal", realmente me refería a ellas. Quería que mi matrimonio funcionara, y estaba dispuesta a hacer lo que fuera necesario para mantener a mi familia unida. Nuestra "felicidad conyugal" duró poco.

Kevin había hecho reservas en un hotel a pocas horas de distancia para nuestra luna de miel. Para ahorrar dinero, decidimos mantener las cosas simples. Durante la primera hora, la conversación fue bastante ligera y entretenida. Hablé sobre la ceremonia, y él habló sobre cuánto dinero nos había dado la gente para nuestra boda. Luego, el tono de la conversación cambió después de que parecía que nos habíamos perdido.

"¿Dónde está este maldito hotel?", Preguntó Kevin enojado.

"No lo sé. No me dijiste a dónde íbamos, así que no puedo ayudarte", respondí. "No te pongas inteligente conmigo", dijo. "Bueno, ¿por qué no te detienes y le preguntas a alguien ya que estamos perdidos?", le dije.

Antes de que las palabras salieran completamente de mi boca, sentí que la palma de la mano de Kevin cruzaba el costado de mi cara. Al principio sentí una sensación de escozor en la mandíbula, y luego se estableció la realidad de lo que sucedió. Mi nuevo esposo acababa de golpearme en nuestra noche de bodas. Pensé para mí mismo: "¿Qué demonios he hecho?" Cabalgamos perdidos durante otra hora antes de que finalmente encontráramos el hotel.

Realmente no hablamos ni pasamos tiempo de calidad juntos el resto de la noche. Kevin vio el juego en la televisión, y me fui a la cama preguntándome cómo podría haberme casado con este hombre.

Después de nuestra luna de miel, las cosas volvieron a la normalidad y las palizas continuaron. Kevin se puso cada vez más celoso de mí porque había conseguido un nuevo trabajo, me había inscrito en un colegio comunitario y estaba avanzando para salir adelante. A estas alturas, ya había aprendido a jugar el juego. Escondí mis emociones y escondí las cicatrices. No le dije a nadie lo que estaba pasando. Estaba decidido a que mi vida iba a ser exitosa de una manera u otra.

Por otro lado, el temperamento y la personalidad volátil de Kevin lo convirtieron en un empleado difícil, y rara vez mantuvo un trabajo durante más de cuatro o cinco meses. Por lo general, lo despedían por su mala actitud y por insubordinación. Estaba decidido a dificultar las cosas de una manera u otra.

Kevin se volvió más ensimismado y se irritó fácilmente por las cosas más pequeñas. Comenzó a experimentar síntomas físicos extraños y pasó mucho tiempo en el consultorio del médico. Finalmente fue diagnosticado con úlceras estomacales, provocadas por el estrés, y luego diagnosticadas erróneamente con una enfermedad de transmisión sexual.

No importa lo que dije, no parecía disuadir a Kevin de pensar que entre el trabajo, la escuela y soportar su tontería a diario, de alguna manera encontré el tiempo y la energía para tener una aventura.

"Whitney, vete aquí ahora", gritó cuando se presentó en mi trabajo inesperadamente.

"Kevin, ¿qué estás haciendo aquí?", le pregunté.

Mis compañeros de trabajo tenían miradas curiosas y preocupadas en sus rostros. Solo mi supervisor sabía que estaba en una situación abusiva. Los demás simplemente pensaron que este tipo de comportamiento era inapropiado.

"El médico dice que tengo una ETS, ¡así que quiero saber con quién te has estado acostando!"

"¿Podemos hablar de esto en otro momento? Este es mi lugar de trabajo, ¿estás tratando de despedirme o algo así?" Estaba mirando a mi alrededor con ansiedad para ver si mi supervisor estaba al tanto de lo que estaba pasando. Sabía que alguien se lo iba a decir, y no estaba seguro de si todavía tendría un trabajo al día siguiente.

"No, vamos a hablar de eso ahora. ¡Quiero una explicación!"

"¿De qué estás hablando? No me acueste con nadie excepto contigo. Nunca te engañaría.

Logré llevarlo de vuelta fuera de la tienda para que no seamos la principal atracción para los clientes y empleados. Se paró a una pulgada de mí, y pude sentirlo literalmente respirando por mi cuello.

En un tono agudo y susurrado, dijo lentamente: "¡No juegues conmigo! Te voy a preguntar de nuevo. ¿Con quién te has estado acostando? ¡Contesta! El médico no me conoce de nadie, y no tiene ninguna razón para mentir. Dijo que si tengo una ETS, entonces probablemente la obtuve de ti, porque no he estado con nadie más". Kevin me agarró del brazo y lo apretó con fuerza. Comencé a retroceder lentamente hacia la puerta para que mis compañeros de trabajo aún pudieran verme, y sentí que mi corazón latía con fuerza contra mi pecho. Por un momento, realmente creí que Kevin me iba a matar.

El gerente de la tienda salió y me preguntó si estaba bien y si había o no un problema. Kevin dijo: "No señor, no hay ningún problema; pero va a haber uno". Kevin puso los ojos en blanco hacia mí y me dijo: "Solo espera hasta que llegues a casa". Luego se volvió y se fue.

Todo el color se había drenado de mi cara, y estaba temblando por todas partes. Tenía miedo de irme a casa esa noche.

Cuando Kevin me recogió del trabajo, estaba aterrorizado. No perdió el ritmo y retomó justo donde lo dejamos. Kevin estaba furioso, a pesar de que yo no había hecho nada malo. Es cierto que tenía curiosidad por saber cómo contraía una ETS. Ya era bastante malo que estuviera abusando de mí. La idea de que él también me engañara a mí era francamente insultante.

Cuando llegamos a casa, corrí directamente al apartamento de nuestros vecinos, golpeando la puerta de su casa y rogándoles que me dejaran entrar. No sabía lo que me iba a pasar una vez que entré con Kevin.

Aunque estaban en casa, nadie llegó a la puerta. Eso empeoró una situación muy mala. Kevin estaba enojado porque yo había hecho una escena y porque había tratado de involucrar a extraños en nuestro "negocio familiar". No me golpeó esa noche, probablemente porque sabía que los vecinos estaban escuchando.

Al día siguiente, el médico de Kevin llamó para disculparse y para informarle que los técnicos de laboratorio de la oficina habían cometido un error. En lugar de una ETS, en realidad tenía una infección del tracto urinario, y no había nada de qué preocuparse. Esa llamada telefónica me salvó la vida porque Kevin sintió que finalmente tenía su evidencia concreta y seguramente me habría golpeado hasta la muerte. Incluso después de que el médico llamó, Kevin nunca se disculpó conmigo.

A medida que me acercaba el final de mi primer semestre, estaba en la cima del mundo. Dos semanas antes de los exámenes finales, descubrí que estaba embarazada de nuevo y me sumergí en un profundo estado de depresión. Dejé de ir a la escuela y recibí un "Incompleto" en cada clase que estaba tomando, lo que solo agravó mi depresión. Lloré constantemente y prácticamente dejé de comer. En el lado positivo, al menos al estar embarazada de nuevo no tendría que lidiar con tanto abuso.

Una vez más trabajé hasta el día en que tuve al bebé. Acababa de llegar a casa del trabajo e inmediatamente entré en trabajo de parto. Kevin no estuvo allí para el nacimiento. Me había dejado en el hospital y llevó a Brianna a la casa de mi abuela y no retrocedió en el tiempo.

El nacimiento de nuestro segundo hijo, un apuesto bebé llamado Asa, me dio una falsa sensación de seguridad de que todo estaría bien. Kevin todavía parecía disfrutar de la paternidad. Y mientras estuviera enfocado en cuidar a los niños, estaba bien. Los padres de Kevin estaban felices de volver a ser abuelos, pero rápidamente expresaron que no deberíamos tener más hijos por un tiempo.

Recuerdo haber visitado a sus padres y escucharlos siempre hablar con él sobre no trabajar y no mantener a su familia. Kevin siempre salía de su casa sintiéndose como un fracaso. Una vez más, todo fue culpa mía que no tuviera éxito, por lo que me intimidaba amenazándome con golpearme o actuando como si me fuera a golpear.

Durante meses, montaba en el coche con las manos y la pierna cubriéndome la cara para prepararme para sus golpes. Kevin prosperó controlándome. Vencerme se convirtió en un deporte para él. Se le ocurrieron nuevas formas de aterrorizarme y comenzó a golpearme en la espalda y la parte superior del cuerpo para ocultar los moretones. Mientras tanto, nuestros dos hijos viajaban en el asiento trasero.

Conmigo trabajando tanto y sin tener tiempo para cocinar (y a Kevin no le gustaban la mayoría de las comidas que preparaba de todos modos), comenzamos a comer comida rápida todas las noches. Y cuanto más comíamos, más kevin capitalizando cada oportunidad de encontrar algo mal con nuestra comida. Una vez, había una mosca en su bebida, y conseguimos dinero. Había una banda elástica en nuestra corteza de pizza; conseguimos dinero. Había un insecto flotando en nuestro té; conseguimos dinero. Pensé para mí mismo que si Kevin aplicaba tanto esfuerzo y creatividad a un trabajo, estaríamos bien.

Mi vida no se parecía en nada a lo que había planeado. Tenía solo 20 años y estaba casada con un estafador que abusaba de mí de una manera u otra todos los días. Había abandonado la escuela y ahora era una nueva madre de dos hijos. Me decía a mí mismo que las cosas iban a mejorar.

Volví a trabajar a tiempo completo exactamente una semana después de dar a luz. Ahora era la gerente de la tienda, porque mi jefe renunció mientras yo estaba en "licencia de maternidad". Financieramente hablando, no podía permitirme estar en casa ya que Kevin no estaba trabajando. No estaba segura de cuánto peor podrían empeorar las cosas, así que solo me concentré en cuidar a los niños y hacer un buen trabajo en el trabajo. Trabajar me dio una razón para salir de la casa y alejarme de Kevin.

Con mi tiempo pasando tanto tiempo en el trabajo, conocí a mis clientes por mi nombre y siempre recordaré a una dama en particular. Se llamaba María y era una asistente de maestra a la que le encantaba comprar en mi tienda. María venía a la tienda todos los días después del trabajo con su hija. No creo que su hija fuera mayor de 11 o 12 años. María no necesariamente compraba ropa todos los días, venía solo para mirar o charlar.

Un día puedo recordar que ella entró en la tienda y me dijo que ella y su nuevo esposo estaban esperando su primer hijo juntos. ¡Estaba tan emocionada! Y luego, de la nada, ya no la vi.

Pasaron los meses y un día la hija de María entró en la tienda con otra persona. Sonriendo, le dije: "Niña, ¿dónde está tu madre?" "Será mejor que le digas que entre aquí para verme". Nunca olvidaré las palabras de su hija para mí: "Mamá está muerta". No sabía qué decir. La señora con la que estaba era su madrastra, quien continuó diéndome que el esposo de María la había matado. Aparentemente no estaba tan contento con el bebé como María. De hecho, ni siquiera creía que el bebé fuera suyo, así que ató a María a la cama, le cortó la garganta, le cortó el estómago, roció la cama con gasolina y prendió fuego a María y a su casa.

Estuve en estado de shock durante días. Simplemente no podía creer lo que había sucedido. Ni siquiera podía dormir porque María estaba constantemente en mi mente. Pensé para mí mismo que ella y yo teníamos mucho más en común de lo que creía. Esta fue otra llamada de atención que inevitablemente ignoraría. No creía que Kevin realmente intentaría matarme, ¿verdad?

Unos meses después del nacimiento de nuestro hijo, Kevin consiguió un trabajo real vendiendo autos en un concesionario a 45 minutos de distancia. Nos mudamos para que pudiera estar más cerca del trabajo. Por primera vez, estaba ganando el tipo de dinero con el que había soñado y fue capaz de proporcionar el tipo de estilo de vida que siempre quiso.

Kevin recibió un bono de firma y un auto de la compañía. Nos mudamos a un exclusivo complejo de apartamentos de lujo, compramos un auto nuevo y comenzamos a darles a nuestros hijos las mejores cosas que el dinero podía comprar. No pensé que nuestros hijos estarían tan podridos como Kevin y Kendall, pero en realidad, los míos eran peores. Cada Navidad tenían más regalos de los que podían abrir.

Tenían más ropa y zapatos que yo, y trabajaba todos los días. Ahora Kevin pudo comprar ropa y zapatos de la misma compañía en California que sus padres una vez hicieron. Tenía joyas elegantes y casi todo lo que quería. Nunca fui de compras. De hecho, odiaba las compras. E incluso cuando teníamos el dinero, nunca me compré nada. Las cosas materialistas nunca significaron mucho para mí.

Al mirar hacia atrás, me doy cuenta de que las cosas más importantes que puede dar a sus hijos: el dinero nunca podrá comprar.

Pero cuando Kevin tenía dinero, las cosas parecían mejorar. Pasamos tiempo juntos como familia; fuimos al parque, comimos en buenos restaurantes e hicimos todas las cosas que hacen la mayoría de las familias. Por un tiempo, Kevin estuvo bien. Y cuando él estaba bien, yo estaba bien.

Todo mi enfoque en la vida era asegurarme de que Kevin obtuviera lo que quisiera, cuando lo quisiera. Si su comida no estaba preparada de la manera que le gustaba, me hacía tirarla y cocinar otra cosa para él. Si no le gustaba lo que había en la televisión, le cambiaría el canal. Si no le gustaba algo que compraba en la tienda, inmediatamente lo volvía a tomar y lo reemplazaba. Mientras él estuviera feliz, todos estábamos felices.

Todo lo que quería era mi cordura; eso es todo lo que realmente necesitaba. Pero en el momento en que fue infeliz, la vida se volvió muy desagradable para todos los que lo rodeaban. Kevin estaba mostrando el mismo comportamiento egoísta y egocéntrico que tenía en la escuela secundaria. Tenía que ser a su manera, o de ninguna manera.

Su actitud hizo que todo fuera más complicado de lo que tenía que ser. Nada lo satisfacía. Contratamos y despedimos a ocho niñeras diferentes en dos meses porque Kevin encontró algo en cada una de ellas que no le gustó. Después de un tiempo, parecía como si ya no le gustara porque yo tampoco era lo suficientemente buena.

Vi cómo nuestra relación se transformaba ante mis ojos. Hubo muchos cambios. Ahora estábamos casados y teníamos dos hijos. Y por primera vez, Kevin estaba trabajando y yo estaba en casa con los niños. Ahora tenía todo el control. Había renunciado a mi trabajo en los grandes almacenes para atender las necesidades de Kevin y quedarme en casa con nuestros hijos, ya que no podíamos encontrar una niñera o guardería adecuada, según él.

Hay algo en la intuición de una mujer que le permite saber cuándo las cosas no están bien. Y sabía que algo no estaba bien. Kevin comenzó a pasar mucho más tiempo trabajando hasta tarde y fuera de casa. No me atreví a cuestionarlo al respecto porque eso solo comenzaría otra pelea. También parecía un poco demasiado amigable con una de nuestras vecinas.

Dar a luz a dos bebés y quedarme en casa durante los días me había ayudado a aumentar 40 libras adicionales. Cuando me miré en el espejo, me dije que estaba gorda. Me di cuenta de que Kevin estaba disgustado por la forma en que me veía. Dejó de prestarme atención y a veces ni siquiera reconocía mi presencia. Por la noche, en lugar de acostarse, se quedaba dormido en el sofá.

Ya ni siquiera dormíamos en la misma cama. Pasaba horas jugando con los niños, y apenas me hablaba. Siempre sentí que estaba involucrado con más de una mujer, pero nunca lo confronté al respecto.

Ahora que tenía dinero y un nivel medible de éxito, ya no me necesitaba.

Un día, los niños y yo estábamos en la tienda de comestibles a la vuelta de la esquina del trabajo de Kevin. Mientras cerraba la puerta, rápidamente me di cuenta de que estaba cerrando las llaves del auto. Cuando fui a abrirlo, mi dedo índice quedó atrapado en la puerta. La sangre estaba por todas partes, y pensé que casi me había cortado el dedo. Volví al auto y pude llegar al trabajo de Kevin. Mi intención era que me llevara al hospital ya que tenía mucho dolor. En lugar de simpatía me ridiculizaron. Kevin no solo me hizo esperar a que le diera sus clientes a otra persona, sino que estaba enojado por tener que dejar el trabajo y llevarme al hospital.

Kevin era uno de los mejores vendedores del concesionario, y ganó muchos bonos y viajes a cambio de sus esfuerzos. Para él, todo se trataba del dinero. Incluso vendió un automóvil a sus padres y obtuvo ganancias de la venta. Kevin ahora se jactaba ante sus padres de que ganaba más dinero que ellos y que claramente no era un fracaso. En su mundo, el segundo mejor era inaceptable.

En su primer año, ganó más dinero que nunca. Durante una campaña de ventas de fin de semana, ganó un viaje con todos los gastos pagados para asistir a los Juegos Olímpicos. En este viaje tuvimos la oportunidad de mezclarnos con las estrellas. Incluso pudimos ver al "Dream Team" jugar al baloncesto.

Esta era la vida que Kevin realmente quería. El día antes de regresar a casa, me dijo que estaba cansado de trabajar en el concesionario y que ahora quería seguir su carrera como actor. Apoyé a Kevin al 100 por ciento. Pero cuando le dije que los niños y yo nos quedaríamos atrás para poder trabajar y continuar apoyando a nuestra familia, cambió de opinión. Una vez más, me culpó por retenerlo de su sueño.

Aunque era el principal vendedor, Kevin también había recibido dos escritos por insubordinación y fue puesto en libertad condicional por su actitud negativa e incapacidad para trabajar como parte de un equipo. Kevin no se llevaba bien con sus compañeros de trabajo en el concesionario de automóviles, y después de un año (su trabajo más largo de la historia), también fue despedido de ese trabajo.

Dos días después, Kevin entró por la puerta principal y anunció que había conseguido otro trabajo vendiendo autos con un amigo gerente de su trabajo anterior.

Eso duró aproximadamente tres semanas, el tiempo suficiente para obtener el bono de firma y un poco de capacitación adicional en ventas gratuitas. Esto se convirtió en un ciclo que Kevin repitió tres o cuatro veces. Lo contrataban en un concesionario, trabajaba el tiempo suficiente para calificar para el bono de firma y luego renunciaba.

Claramente vivíamos por encima de nuestras posibilidades, pero Kevin estaba decidido a que cualquier cosa menos que lo mejor era inaceptable, ya sea que pudiéramos permitírnoslo o no. En lugar de mudarse a un apartamento menos costoso y reducir nuestro presupuesto, Kevin compró otro automóvil. Era el auto de sus sueños, y nos costaba $ 450 por mes.

Mintió en la solicitud sobre sus ingresos y empleo y fue aprobado para el préstamo de automóvil. Kevin escribió un cheque de pago inicial por $1,000. Ambos sabíamos que el dinero no estaba en el banco. Tendría que averiguar cómo pagar ambos billetes de coche.

La vida está llena de ironía. La noche que compramos el coche, Kevin quería sacarlo a dar una vuelta. Apenas habíamos salido del estacionamiento del concesionario, cuando de la nada, un conductor nocturno se estrelló contra la parte trasera del vehículo. El otro conductor se había quedado dormido al volante y había perdido el control del coche. Afortunadamente, nadie resultó herido. Pero el coche quedó destrozado. Cuando Kevin saltó del auto, estaba tan enfurecido que realmente creí que iba a matar al otro conductor.

Kevin respiraba tan fuerte que pensé que podría hiperventilar.

"¡Mira lo que le hiciste a mi auto, idiota! Este coche es completamente nuevo. No puedo creer que golpees mi auto nuevo con ese pedazo de basura que estás conduciendo. ¡Mira lo que hiciste! ¿Qué demonios estabas pensando?"

El otro conductor entró en pánico porque Kevin estaba muy fuera de control. "Lo siento. Lo siento mucho. Acabo de salir del trabajo y trabajé un doble turno. Me quedé dormido al volante y perdí el control del coche.

Lo siento, señor. Simplemente no podía detenerme a tiempo. Lo siento mucho".

Kevin gritó: "¿Lo sientes? ¿Lo sientes? Lo vas a lamentar, está bien. Espera hasta que te ponga en mis manos". Comenzó a acercarse al hombre.

Salté del auto y traté de intervenir, "Kevin, fue un accidente. Es solo un automóvil; podemos arreglarlo. Todo el mundo está bien. Por favor, cálmate".

"Whitney, vuelve al auto y mantente al margen de esto. Me encargaré de esto yo mismo", dijo.

El otro conductor regresó a su auto y cerró las puertas para esperar a la policía.

Kevin se paró afuera de la puerta del auto del hombre maldiyéndolo hasta que llegó la policía. Estaba más que avergonzado por Kevin, por el otro conductor y por nuestra familia. Me senté en el auto y aprete la cabeza.

Cuando llegó la policía, Kevin todavía estaba despotricando y delirando sobre la destrucción de su precioso automóvil. Luego, comenzó a quejarse de que le dolía el cuello. Casi podía ver las ruedas girando en su cabeza tratando de descubrir cómo ganar dinero con la situación.

La policía revisó su cuello en busca de lesiones y tomó declaraciones tanto de Kevin como del otro conductor. El hombre les explicó que se había quedado dormido, por lo que no había mucho que pudieran hacer más que darle una cita. Eso no fue lo suficientemente bueno para Kevin, y estuvo furioso durante días.

Aunque el seguro del otro conductor cubría los gastos de reparaciones y facturas médicas, Kevin todavía no estaba satisfecho. Ambos fuimos al médico por problemas menores de espalda, pero no arreglamos el auto. En su lugar, usamos el dinero para pagar facturas y comprar comestibles. Nuestra situación estaba disminuyendo rápidamente, y eso significaba que la violencia aumentaría.

Inmediatamente conseguí un trabajo en otra tienda de ropa. Kevin me recordaba constantemente que mi salario no era nada en comparación con lo que había estado ganando. No había manera de que pudiera mantener nuestros gastos de vida por mí mismo. Kevin entró y salió de la depresión porque ya no ganaba mucho dinero y porque su amado auto había sido golpeado. Se sentó en casa corriendo la factura telefónica llamando a California sobre posibles conciertos de actuación que nunca se materializaron.

Durante este tiempo, el juicio de O.J. Simpson estaba sucediendo y Kevin pasó todo el día viendo eso y toda la noche viendo los juegos de playoffs de la NBA y el reality show de televisión "Real World". Comenzó a enfurecerse de nuevo y a quejarse de que podría haber sido un famoso abogado, jugador de baloncesto profesional o actor.

Nuestra realidad era que los niños necesitaban pañales y comida, y teníamos que mantener un techo sobre nuestras cabezas. Kevin había alienado a sus padres y no se atrevía a llamar para informarles que había perdido su trabajo.

Por otro lado, las cosas me fueron bien en el trabajo, y me ascendieron a asistente del gerente de la tienda en cuestión de semanas. Me dieron un pequeño aumento y aumentaron mis responsabilidades. Comencé a supervisar a otros dos empleados a tiempo parcial y me hice amiga de una de mis compañeras de trabajo, Meredith. Ella tenía un hijo de la edad de mi hija y un prometido también, así que teníamos mucho en común. Incluso vinieron a nuestro apartamento durante los tiempos más felices.

A pesar de mis mejores esfuerzos, las facturas seguían llegando y no podía cubrirlas. El propietario rescindió nuestro contrato de arrendamiento y presentó un aviso de desalojo. Mi compañía de financiamiento de automóviles envió un aviso para recuperar la dosis; y la recuperación del auto de Kevin no se quedó atrás. Él todavía estaba desempleado mientras yo trabajaba horas extras para mantener a nuestra familia a flote. Las conversaciones agradables en nuestra casa fueron pocas y distantes entre sí.

"Kevin, ¿por qué no vendemos los autos y obtenemos uno menos costoso?", le pregunté. "Sabes a hecho que ya no podemos permitirnos estas cosas. Vendamos los autos y muévase. No estás trayendo dinero a esta casa, así que tenemos que reducir nuestros gastos".

La mera sugerencia de tener que devolver algo que amaba fue recibida con pura indignación. Él dijo: "No me importa lo que pienses, no estoy vendiendo mi auto. Me encanta ese coche, y no lo voy a dejar ir. El dinero estará allí para cuando se borre el cheque".

No fue así.

"No estoy escribiendo un cheque por dinero que no tenemos", grité.

Levantó la voz y prácticamente exigió que abandonara todo el tema. "Escucha, Whitney, no voy a decir esto de nuevo. No estoy vendiendo mi auto, y no me estoy moviendo de regreso a algún vertedero como donde estábamos antes. No voy a dejar que mis hijos vivan en cualquier lugar. Se merecen lo mejor, y eso es lo que les voy a dar. ¿Entiendes?"

Le respondí: "Kevin, eso no tiene ningún sentido. No podemos darnos el lujo de quedarnos aquí, y sabes que mi cheque no es lo suficientemente grande como para cubrir todas estas facturas. Apenas puedo permitirme comprar comida. Tenemos que hacer algo. ¿Me escucharías por una vez?" Mi voz temblaba por el miedo y la ira que sentía por él. Estaba siendo absolutamente irrazonable.

Instintivamente, sabía lo que iba a suceder a continuación. Cuando vi que sus dos manos venían hacia mí, me agaché para perder el golpe. Entonces sentí la fuerza de todo su peso contra mis hombros cuando me empujó contra la pared. Mi espalda golpeó la pared primero, y luego mi cabeza. Me deslizé por la pared hasta que golpeé el suelo. Levanté los brazos para protegerme la cabeza y la cara y le rogué que se detuviera. Oré en silencio para que mi hija no saliera de su habitación y me viera acobardada en una esquina, temerosa de su padre.

Justo cuando parecía que las cosas no podían empeorar mucho, descubrí que estaba embarazada de nuevo. Kevin suplicó y suplicó, me coaccionó y amenazó con abortar. Absolutamente no quería más hijos, y su puño hizo un argumento persuasivo.

Sabía que financieramente no podíamos permitirnos otro hijo, pero mental y físicamente, no podía permitirme tener otro aborto. Finalmente, ganó. El viaje al consultorio del médico se estaba volviendo familiar. La culpa que sentí como madre al tomar esa decisión fue enorme.

Nunca le dije a Kevin cómo me sentía realmente porque sabía que no importaría. Él era inflexible acerca de terminar el embarazo, y yo sabía que era una batalla perdida.

Durante este verano, todos mis primos habían venido a visitarme y querían reunirse para una comida al aire con cocina en el lago. Kevin no quería ir, así que los niños y yo fuimos sin él. Cuando llegué a casa, Kevin estaba furioso e inmediatamente comenzó a golpearme y reprenderme por pasar el rato con mis primos todo el día. Me encerró en la habitación y no me dejó salir hasta que decidió que había aprendido la lección.

Las horas que pasé sola "tomando mi castigo" me dieron tiempo para pensar y convencerme de que necesitaba dejar esta relación. Cuando Kevin finalmente me dejó salir, llamé al 911 para obtener ayuda. Me arrebató el receptor y rápidamente colgó el teléfono. Sabía que el operador del 911 volvería a llamar para asegurarse de que todo estuviera bien, pero Kevin le dijo al operador que nuestra hija había estado jugando con el teléfono y los marcó por accidente. Le creyeron, así que la policía no vino.

Poco después, hice mi primer intento oficial de dejar la relación. Un par de días después llamé al refugio local para mujeres maltratadas solo para que me informaran que estaban llenas. A pesar de que no pudieron darnos a mis hijos y a mí un lugar seguro para quedarnos, me remitieron a una iglesia local.

Cuando me puse en contacto con la iglesia, me dijeron que tendríamos que dormir en los bancos de la iglesia y que cuidarían a los niños por mí mientras trabajaba durante el día. No quería que mis hijos tuvieran que vivir de esa manera. No quería que dejaran sus acogedoras camas para dormir en los bancos de la iglesia. Sabía que tenía que dejar a Kevin, pero quería asegurarme de que los niños tuvieran una vida cómoda.

Así que soporté casi otro año de abuso de Kevin hasta que pude irme y nunca regresar. Los buenos tiempos habían quedado atrás.

Cuanto más difíciles se volvían las cosas, más abusivo se volvía Kevin. Comenzamos a repetir nuestro viejo ciclo nuevamente. Discutiríamos. Me había golpeado. Luego me obligaba a tener relaciones sexuales. Discutir. Abuso. Sexo. 'No' nunca significó 'no'. No estábamos usando ningún tipo de protección o control de la natalidad, así que tres meses después, estaba embarazada de nuevo de mi hijo menor. Esta vez, puse el pie y le dije a Kevin que íbamos a tener al bebé. Lo hicimos.

Mientras tanto, nuestro alquiler y otras facturas se quedaron aún más atrás.

Discutí durante semanas sobre el primer cheque sin valor que Kevin escribió al concesionario de automóviles. Después de eso, el segundo cheque se hizo más fácil de escribir, a pesar de que no teníamos el dinero. El cheque fue escrito a nuestro propietario por la cantidad de $ 1,000 para cubrir el alquiler vencido. Rebotó, al igual que el cheque de pago inicial para el auto de Kevin.

La situación era crítica, y Kevin me dijo que era mejor que hiciera algo para solucionarlo. Él tenía una idea, y yo le tenía demasiado miedo como para no aceptarla.

Todas las noches hacíamos depósitos en efectivo en la tienda donde trabajaba. Estaba familiarizado con el horario y sabía cuándo entraba la mayor cantidad de dinero. Kevin me aseguró que no iba a renunciar a su auto, así que tuve que hacer algo para mantener la paz. Debíamos un poco más de $ 900, incluidos los cargos por pagos atrasados. Kevin me dijo que robara el depósito del sábado por la noche de la tienda donde trabajaba y usara el dinero para pagar su auto. Nunca había cometido un crimen en toda mi vida, pero lo hice esa noche.

Robé todo el depósito del trabajo; $800 en efectivo, y $2,000 más en cheques y boletas de tarjetas de crédito que no pudimos usar. Kevin disolvió los cheques y recibos en un cubo de lejía y agua, y lo pasó por el inodoro. Todavía no teníamos suficiente efectivo.

Mi amiga Meredith y yo estábamos programados para trabajar juntos al día siguiente. Mientras hablábamos, ella me confió un secreto que había estado guardando. Me dijo que una noche, cuando salió del trabajo, Kevin estaba afuera esperándola. Él había hecho avances hacia ella y le dijo que nadie tenía que saberlo. Ella lo ignoró totalmente, pero sintió que necesitaba saberlo. Si me hubiera enterado un día antes, nunca habría robado el dinero, y el precioso auto de Kevin habría sido embargado.

Estaba tan herido que no sabía cómo responder. Siempre había sospechado que Kevin estaba persiguiendo a otras mujeres, pero esta era la primera vez que tenía pruebas concretas. Por supuesto, lo negó.

A la semana siguiente, los investigadores de la tienda llegaron a la tienda mientras yo estaba trabajando, y la culpa prácticamente me consumió. Simplemente confesé. Le confié al oficial y le dije por qué lo hice. El investigador me agradeció por ser honesto. Simpatizaba conmigo, pero aún así me había presentado cargos por malversación de fondos.

Una semana después, un oficial de policía me contactó y me pidió que bajara y me ocupara de los cargos. Estuve de acuerdo. Y por primera vez en mi vida, me arrestaron. Me tomaron las huellas dactilares, tomé una foto de taza y luego me me meten en la cárcel con los otros criminales.

Fui tan cooperativo que los oficiales no podían creer que realmente hubiera hecho tal cosa. Finalmente tuve la oportunidad de contarle a ese oficial lo que estaba pasando en mi casa. Honestamente creí que obtendría la ayuda que necesitaba y pondría fin a lo que Kevin me estaba haciendo. Pero no lo hice.

Una vez más pensé en la infame cita "lo que sucede detrás de puertas cerradas, se queda detrás de puertas cerradas". Así que tomé el calor y pensé que podía solucionar mis problemas en casa por mi cuenta.

Kevin se sintió mal y pensó que lo menos que podía hacer era tratar de encontrarme un buen abogado. Kevin rápidamente también le mostró su lado feo y ella solo me representó porque podía ver claramente que él era el cerebro detrás de toda la estafa. El día de la corte, Kevin ni siquiera se presentó para recibir apoyo moral. Su ausencia le dio a mi abogado aún más munición para arrastrar a su personaje a través del barro. Ella explicó mi situación al juez y consiguió que mis cargos se redujeran a un delito menor de hurto.

Recibí libertad condicional supervisada y se me indicó que devolviera la cantidad total tomada. Estaba eufórico con el resultado porque, en realidad, podría haber ido a la cárcel.

Por razones obvias, la tienda de ropa me despidió. Entonces, comencé a hacer trabajo manual como manejadora en la oficina de correos aunque estaba embarazada. Nunca me quejé, solo me presenté al trabajo a tiempo e hice mi trabajo. Kevin se sentó en casa jugando con los niños, viendo la televisión y lamentando su condición en la vida. Odiaba el hecho de que yo estuviera trabajando en un trabajo que él sentía que estaba por debajo de sus estándares. Odiaba el hecho de que yo estuviera ganando dinero, incluso si no era mucho, y él no lo estaba. Odiaba el hecho de que todo por lo que había trabajado le estaban quitando.

Las facturas todavía se acumulaban y no teníamos el dinero para pagar. Me arrestaron de nuevo por escribir cheques sin efecto, y perdimos el apartamento. Cuando el propietario llegó con el aviso final de desalojo, Kevin estaba furioso. Perdió los estribos y creó una escena tal que el propietario llamó a la policía y presentó cargos contra él. Kevin fue acusado de "comunicar una amenaza", un cargo menor en el sistema penal.

Inevitablemente, Kevin sacó su ira y frustración sobre mí y sobre el apartamento. Cuando empacamos para mudarnos, dejó 18 bolsas llenas de basura en el apartamento. La alfombra estaba arruinada y las paredes necesitaban ser pintadas. No hicimos ninguna reparación menor ni tratamos de dejarlo en buen estado para recuperar nuestro depósito de seguridad. En total, hubo más de $ 5,000 en daños al apartamento.

Kevin y yo pasamos todo el día antes de ir a trabajar tratando de encontrar un nuevo lugar para vivir. Nuestros dos informes de crédito se arruinaron, por lo que ninguno de nosotros pudo obtener el apartamento a nuestro nombre. Ya no podía soportar la presión de estar sin hogar, así que sin la aprobación de Kevin, me puse en contacto con su madre y le conté nuestra situación.

Con nuestra situación financiera actual y un tercer bebé en camino, ella bajó y nos consiguió un apartamento a su nombre. Por supuesto, el apartamento estaba por debajo de los estándares de Kevin, pero no teníamos otra opción.

Cuando llegaron los trabajadores de mantenimiento o el propietario, Kevin fingió que solo estaba visitando a su madre para que no nos echaran. Nuestras vidas se volvieron cada vez más complicadas y completamente construidas a partir de mentiras.

Su madre nos rogó que mantuviéramos los pagos para proteger su crédito. Pero no teníamos el dinero y simplemente no podíamos pagar nuestras facturas a tiempo. Mi auto fue embargado poco después de que nos mudamos al apartamento. Una vez más, Kevin estaba molesto y me culpó de todo.

Se acercaban las vacaciones, que por lo general eran buenos momentos para nosotros. Era un momento en que los regalos estaban envueltos alrededor del árbol y Kevin actuaba tan feliz y emocionado como los niños. Pero esta Navidad en particular fue la peor de la historia. No podíamos darnos el lujo de conseguir a los niños lo que querían, y eso simplemente destrozó a Kevin. Estaba agradecido de que tuviéramos un lugar para vivir; No estaba en la cárcel y nuestro nuevo bebé estaba en camino.

Dos semanas después de Navidad, mientras Kevin estaba viendo fútbol en la televisión, me pongo de parto. Me llevó al hospital y terminó teniendo una discusión con mi médico. Todo el tiempo en el hospital fue una pesadilla y una serie de acusaciones interminables.

"Whitney, te dije que no quería más hijos", dijo Kevin mientras caminaba por el pasillo en la sección de trabajo de parto y parto del hospital. "¿Estás seguro de que este bebé es mío? No recuerdo la noche en que lo concebimos".

A Kevin no le importaba que estuviera tratando de tener un bebé. Solo le preocupaba el hecho de que no quería más hijos. Me pareció que su tiempo estaba un poco fuera de lugar. Durante todo mi proceso de trabajo de parto y parto, Kevin me acusó de engañarlo y quedar embarazada a propósito. Lloré todo el tiempo. Los médicos y las enfermeras se sintieron comprensivos porque pensaron que estaba llorando por el dolor. Sin embargo, el dolor físico no era nada comparado con la angustia mental que Kevin me causó ese día.

Thad era un bebé sano... que se parecía a su padre.

Cuando volví a trabajar después de que nació mi hijo, Kevin todavía estaba desempleado. Ahora escribía rutinariamente cheques sin valor para alimentos para alimentar a mi creciente familia. Estábamos quebrados y ni siquiera teníamos suficiente dinero para pañales o leche. Trabajé esporádicamente en trabajos a tiempo parcial donde y cuando pude. Se sentía como 'la pequeña familia contra el mundo'.

Antes de perder por completo el control de toda mi vida, decidí tener mis trompas atadas, con o sin el consentimiento de Kevin. Tenía solo 23 años, pero ya había pasado por cuatro abortos y había dado a luz a tres hijos. Absolutamente no quería más hijos con Kevin.

No lo aprobó. Su argumento era que si me ataban las trompas, entonces podía dormir con otros hombres sin que él lo supiera. De todos modos, programé una cita, tomé el auto yo mismo y fui a un procedimiento para que mis tubos se sellaran con láser. Ese procedimiento evitaría que volviera a quedar embarazada.

Después de que se completó el procedimiento, no pude conducir a casa, así que llamé a la única persona que conocía. Meredith me recogió del hospital, me llevó a casa para recoger a Kevin y a los niños, y nos trajo de vuelta para recoger nuestro coche. Esta fue la primera vez que Kevin la vio desde que ella lo acusó de acercarse a ella. Supongo que esta fue la oportunidad de Kevin para tratar de demostrarme que nunca sucedió. Kevin la llamó todo menos un hijo de Dios. De "puta" a "puta" y cosas de las que nunca oí hablar, ella lo era. Constantemente le decía que se detuviera, pero no lo hacía.

Tampoco le importaba que los niños estuvieran en el auto. No sé quién estaba más avergonzado, Meredith o yo, pero no se detuvo hasta que llegamos al auto. Para colmo de males, salió de su auto, cerró la puerta y escupió sobre su auto. Me disculpé con Meredith por el comportamiento de Kevin y le agradecí por recogerme. Ella aceptó mi disculpa, pero nunca volví a ver ni volver a saber de Meredith.

Conseguí otro trabajo trabajando en una empresa de telemarketing y distribución llamada T.M.S. Estaba ganando menos que antes, lo que aumentó aún más la tensión financiera y la tensión. Kevin odiaba el hecho de que yo trabajara allí porque muchos hombres también trabajaban allí. Comenzó a acusarme de engañarlo de nuevo, y la violencia aumentó.

Casi todos los meses, uno o ambos de nosotros somos arrestados por cheques incobrados. Una noche, ambos fuimos arrestados al mismo tiempo, y los padres de Kevin tuvieron que conducir desde Virginia para conseguir a los niños y rescatarnos. Por supuesto, cuando los oficiales aparecieron, Kevin negó haber escrito un cheque malo en su vida.

Kevin actuó tan mal, que los oficiales amenazaron con rociarlo con gas pimienta y llamaron a un automóvil separado para que lo reservaran de inmediato. Yo, por otro lado, con calma dije la verdad y le expliqué la situación al oficial.

Debido a que había dicho la verdad, en lugar de que el oficial llamara a los servicios de protección infantil para llevarse a los niños mientras sus padres iban a la cárcel, me permitieron salir sin esposas y acordaron no procesar mi arresto hasta que llegaran los padres de Kevin.

Los padres de Kevin llegaron unas horas más tarde. No dijeron mucho, pero era obvio que estaban hartos de Kevin y de mí. Su precioso hijo, que no podía hacer nada malo, fue encerrado en la cárcel, y estoy seguro de que pensaron que yo era el culpable. Sin embargo, para su crédito, no hicieron muchos señalamientos con el dedo. Parece que finalmente se dieron cuenta de que Kevin y yo estábamos en muchos problemas, por lo que hicieron lo que pudieron para ayudar.

Justo cuando pensaba que las cosas no podían empeorar, el orgullo y la alegría de Kevin se recuperaron. Ocurrió alrededor de las 3:00 de la madrugada. Después de escuchar el auto chillar por la calle detrás de la grúa, saltó. Kevin persiguió al hombre del repositorio hasta el final del complejo de apartamentos tratando de recuperar su automóvil. Kevin me despertó y me hizo sentarme con él.

Estaba tan enojado que no podía hablar. Solo sabía que me iba a matar esa noche porque me culpaba de todo.

Pasó toda la noche amenazándome y jugando con mi mente. Era el miedo a lo desconocido. Secretamente deseaba que me golpeara y lo superara en lugar de intimidarme y jugar juegos con mi mente. Me asusté tanto que mi cara estalló con pequeñas manchas rojas por el miedo y la ansiedad.

Una vez más, los padres de Kevin vinieron al rescate y nos dejaron pedir prestado uno de sus autos usados. Ahora Kevin sintió que nunca viviría el hecho de que sus padres habían puesto el apartamento a su nombre, nos rescataron de la cárcel y ahora nos dieron otro auto. Kevin no podía soportar la derrota por más tiempo.

Literalmente todos los días durante los siguientes tres meses, Kevin abusó de mí. Por primera vez, supe que mi vida estaba en peligro. Ir a trabajar era lo que más esperaba porque estaba a salvo allí. Sonreía desde el momento en que salía de mi casa hasta el final de mi turno, y luego lloraba todo el camino a casa porque sabía lo que me esperaba. Nunca dejé pasar en el trabajo que estaba pasando por un infierno en casa.

Mis días y noches estaban llenos de tormento. Me desperté con él pateándome en la parte trasera o sacándome de la cama por el pelo y arrastrándome por la casa. Me fui a la cama solo cuando estaba convencido de que me había violado y golpeado la verdad.

Si llegaba a casa un minuto tarde, me golpean. Una noche, cuando llegué tarde a casa del trabajo, Kevin se molestó. Me gritó blasfemias y me encerró fuera de la casa. Estaba harto y decidí que lo iba a dejar. Corrí por las escaleras y él me persiguió afuera hasta el auto. Corrí hacia la puerta principal, pero él me atrapó y comenzó a golpearme por todo el cuerpo. Nuestra lucha se volvió perturbadora, por lo que los vecinos llamaron a la policía. Cuando llegaron, me congelé. Nunca les dije una palabra sobre lo que Kevin me había hecho.

De hecho, mentí y lo encubrié. Les dije que era solo un malentendido; que había olvidado la llave de mi casa y que todo estaba bien. Recuerdo que el oficial de policía me preguntó dos veces si todo estaba bien, y lo miré directamente a los ojos y le dije "sí".

¡Ojalá los ojos pudieran hablar!

Cuando la policía se fue, me dejó ir a dormir. Entonces me di cuenta de que Kevin tenía miedo de la policía y miedo de ir a la cárcel. Pensé que la información podría ser la clave para hacerle cambiar. Durante tanto tiempo, había vivido con miedo. Ahora encontré algo que también lo asustó.

A Kevin no le gustaba estar expuesto. Y mientras su comportamiento violento permaneciera en secreto, él estaba a salvo y solo yo estaba en peligro.

Al día siguiente, les conté a sus padres lo que me estaba haciendo. Les dije que lo iba a dejar porque temía por mi vida. Les dije que Kevin necesitaba buscar ayuda profesional. Me dijeron que hablarían con él, y si los niños y yo queríamos venir y quedarnos con ellos, éramos más que bienvenidos.

Consideré hacéslo saber a mis padres, pero rápidamente cambié de opinión. Kevin me había aislado tan lejos de ellos que ni siquiera podía recordar su número de teléfono. Me hizo creer que nunca se preocuparon por mí de todos modos, especialmente mi madre y mi padre, así que ¿por qué molestarse? Sentí que él era todo lo que tenía, y nadie más podría ayudarme de todos modos. Siempre había querido ser diferente de mi madre y mi abuela, así que decidí no dejar que me vieran fracasar.

También confié en un par de compañeros de trabajo y supervisores. Les conté todo. Les conté sobre las palizas. Les conté cómo me había cortado el pelo y me había cortado la ropa. Les conté sobre los agujeros en mis paredes y puertas debido al mal genio de Kevin. A través de mi experiencia, aprendí que la violencia prospera en la oscuridad, así que comencé a arrojar algo de luz sobre la situación.

Capítulo 5: "Culpar a la víctima"

"Muy bien todos, por favor ayúdense a tomar un refrigerio y luego tomen asiento. Tenemos mucha información que cubrir esta noche, así que estoy ansiosa por comenzar", dijo Whitney. El grupo de apoyo L.I.P.S. se había reunido para su última reunión semanal de la temporada.

Ella continuó: "Atención a todos, tenemos un nuevo miembro con nosotros esta noche. Su nombre es Freddy, y fue referido a nosotros desde una de nuestras agencias asociadas aquí en la ciudad. Antes de comenzar, me gustaría que Freddy se presentara y nos contara un poco sobre su situación".

Freddy era un hombre guapo. Era de estatura media, musculoso y afeitado. Karen, una de las mujeres del grupo, levantó la mano y dijo: "Whitney, no quiero ser grosera, pero ¿no es este grupo para sobrevivientes de violencia doméstica y abuso? Quiero decir, no puedo creer que le estés permitiendo ser parte de este grupo. Las mujeres aquí están tratando de sanar".

Whitney interrumpió: "Karen, creo que cuando escuches lo que Freddy tiene que decir lo entenderás. Freddy, adelante".

Se puso de pie y miró lentamente a cada una de las mujeres en la habitación. "Buenas noches a todos. Mi nombre es Freddy, y soy una sobreviviente de violencia doméstica. Sé que cuando entré, la mayoría de ustedes probablemente pensaron que era un abusador, pero realmente hay hombres aquí que tienen miedo de su pareja y de lo que podrían hacerles; Yo soy uno de ellos.

Recuerdo cuando conocí a Pat. Estábamos locamente enamorados el uno del otro. Y el primer año y medio de nuestra relación fue maravilloso. Noté algunas tendencias controladoras y celosas, pero confundí ese comportamiento con amor porque estaba hambriento de atención. Fue agradable tener a alguien que se preocupaba por dónde había estado o a dónde iba.

Fue agradable saber que alguien me amaba. Crecí en un hogar abusivo, y vi a mi padre y a mi madre peleando casi todas las noches. Durante años, esa fue la forma en que pensé que debía ser una relación.

Pat y yo fuimos a todas partes juntos y pasamos el mayor tiempo posible juntos. Luego obtuve un ascenso en el trabajo que me obligaba a viajar y pasar más tiempo fuera de casa. Al principio, Pat solo hizo comentarios sarcásticos y acusaciones generales. Luego, esas acusaciones se convirtieron en discusiones y peleas sobre si estaba teniendo o no una aventura.

Estaba convencido de que Pat y yo estaríamos juntos para siempre hasta que ocurriera el primer golpe. Estábamos discutiendo sobre cuánto tiempo pasaba con mis compañeros de trabajo. Traté de explicar que estaba trabajando en un proyecto muy importante, pero eso no era lo suficientemente bueno, y Pat no me creyó. No me gusta discutir, así que me volví para alejarme. En una fracción de segundo, Pat agarró una lámpara y la estrelló en mi espalda. Caí al suelo y traté de protegerme de los puñetazos. No soy muy aficionado a la confrontación, así que ni siquiera traté de defenderme.

Me dije a mí mismo que no volvería a suceder, y que era solo un evento de una sola vez. Pero en el fondo, lo sabía mejor. Comencé a guardar mis pensamientos para mí solo para evitar discutir. No quería decir nada que pudiera molestar a Pat. La próxima vez que sucedió, estábamos en público. Habíamos ido a cenar y pasamos una noche encantadora juntos. Al salir del restaurante, agradecí al maitre d' y le di una propina al conductor del valet.

Cuando subimos al auto, Pat me acusó de coquetear y dormir con los camareros y los asistentes de aparcacoches. Sé que suena ridículo, pero es cierto. Discutimos todo el camino a casa, y terminó conmigo yendo a la sala de emergencias para recibir 10 puntos de sutura y un cabe cabe cabeceo en mi brazo derecho.

Nuestra relación empeoró durante un período de dos años hasta que no pude soportarlo más. No estaba contento. No estaba a salvo. Y sabía que tenía que salir de la relación por mi propia tranquilidad.

Eso es lo que me trae aquí esta noche. Todos escuchamos las estadísticas sobre mujeres maltratadas y maltratadas. Pero soy la prueba viviente de que los hombres también pueden ser víctimas y sobrevivientes de abuso. Sé que el 93 por ciento de las víctimas son mujeres, pero eso todavía deja el siete por ciento. Me gustaría agradecerles por permitirme compartir mi historia y comenzar mi proceso de curación".

Freddy tomó su asiento y cada una de las mujeres en la habitación se sentó en silencio mirándose unas a otras, sin saber qué decir a continuación. Whitney habló: "Freddy, muchas gracias por venir esta noche y por compartir tu historia. Estamos muy contentos de que estés aquí y te invitamos a regresar en cualquier momento y continuar tu proceso de curación".

Karen levantó la mano para hablar. "Uh, Freddy, supongo que te debo una disculpa. Tienes razón. Te miré y pensé que eras el abusador, no la víctima. Es decir, sobreviviente. Lamento haberte juzgado mal. Por favor, acepte mis disculpas. Realmente te felicito por ser tan valiente y salir de una mala situación".

Freddy se puso de pie, se acercó a Karen y extendió los brazos para un abrazo. "No hay necesidad de disculparse", dijo. "Muchas gracias Karen". Ella se puso de pie y los dos se abrazaron. De hecho, el proceso de curación ya había comenzado.

Whitney pasó un volante a cada individuo. "Esta noche, vamos a aprender sobre algunos de los conceptos erróneos más comunes sobre la agresión y la violencia doméstica". El folleto enumeraba la siguiente información:

Concepto erróneo 1: El problema es el abuso del cónyuge; parejas que se atacan entre sí.

En realidad, el 93% de las agresiones graves son contra mujeres. El maltrato es una relación en la que una persona coacciona, intimida y domina a otra, y las mujeres son sus principales víctimas.

Concepto erróneo 2: Las drogas y el alcohol causan violencia.

Las adicciones se utilizan como excusas para liberar al agresor de la responsabilidad por el comportamiento, es decir, "las drogas me hicieron hacerlo". Esta teoría no explica por qué el agresor usa la violencia o por qué golpea cuando está sobrio. El agresor adictivo debe ser tratado por dos problemas separados: la adicción y la violencia.

Concepto erróneo 3: El estrés causa golpes.

Obviamente, algunos golpeadores experimentan estrés, pero el estrés no causa abuso. Muchos hombres bajo estrés severo no golpean. Incluso si un agresor reduce el estrés, la violencia continuará o se reanudará porque el agresor todavía se siente con derecho a agredir a su pareja. La violencia en sí misma debe ser tratada como el problema, no como un síntoma que desaparecerá.

Concepto erróneo 4: Las mujeres maltratadas son masoquistas y provocan la violencia.

Las mujeres maltratadas no son un tipo de personalidad. Cualquier mujer puede encontrarse en una situación potencialmente violenta. Las mujeres maltratadas no disfrutan de las palizas, ni la mayoría de las mujeres sienten que merecen el asalto. La "provocación" es un concepto que culpa a la víctima y libera al abusador de la responsabilidad por la violencia. Las mujeres NO son responsables del comportamiento de sus abusadores.

Concepto erróneo 5: Las mujeres maltratadas no buscan ayuda ni la usarán una vez que se les ofrezca.

La mayoría de las mujeres maltratadas hacen muchos esfuerzos para detener la violencia o para buscar ayuda de las agencias de su comunidad. Desafortunadamente, a menudo se encuentran con malentendidos y respuestas que los alientan a reunirse con el abusador o ignorar el abuso. Como resultado, muchas mujeres son reacias a pedir ayuda.

Sin embargo, cuando son recibidas con empatía y preocupación genuina, muchas mujeres maltratadas están dispuestas a buscar ayuda y compartir valientemente sus experiencias.

Concepto erróneo 6: "Golpear" exagera el caso; pocas mujeres son realmente golpeadas.

Una vez que la violencia ha comenzado en una relación, continuará y aumentará en frecuencia y gravedad. Los golpes pueden implicar palizas o amenazas severas, violaciones, armas y tortura mental o física.

Concepto erróneo 7: Golpear es un asunto familiar.

El asalto es un delito en los 50 estados. El maltrato no es simplemente un problema familiar, sino también un problema social de gran alcance que afecta hasta al 50% de todas las mujeres estadounidenses. La violencia contra las esposas ocurrirá al menos una vez en 2/3 de todos los matrimonios y al menos el 25% de las esposas en los Estados Unidos son severamente golpeadas durante sus matrimonios. Más de un millón de mujeres maltratadas buscan ayuda médica por lesiones causadas por golpes cada año. Los golpes son la causa número uno de las visitas a la sala de emergencias por parte de las mujeres.

Concepto erróneo 8: Solo las familias de clase trabajadora de bajos ingresos experimentan violencia.

Los golpes afectan a todos los grupos raciales, sociales, étnicos, económicos y religiosos y afectan a cada grupo con la misma frecuencia. Las mujeres maltratadas con pocos recursos son más visibles porque buscan ayuda de organismos públicos.

Concepto erróneo 9: Las mujeres maltratadas son un grupo particular y fácilmente definible de mujeres.

Las mujeres maltratadas son tan diversas como las mujeres. No hay ningún tipo particular de mujer que sea propensa a ser maltratada más que cualquier tipo de mujer que sea probable que sea violada. El único "tipo" de mujer que es maltratada es la mujer que se encuentra con una pareja que golpea.

Concepto erróneo 10: La violencia no puede ser tan mala, o ella no se quedaría con él.

En los Estados Unidos de hoy, en promedio, una mujer gana un poco más de la mitad de lo que gana un hombre. Por esta razón, muchas mujeres, incluidas las mujeres maltratadas, no sienten que pueden mantenerse a sí mismas y a sus hijos. El miedo a las represalias por irse, el acoso y la violencia adicional del abusador también son trampas para las mujeres maltratadas. Estadísticamente, el momento más peligroso para una mujer maltratada es cuando se va o su abusador cree que se va.

Esa noche, las personas en el grupo discutieron la información que habían aprendido y hablaron sobre formas de educar al público sobre la gravedad de la violencia doméstica y el abuso doméstico. Mientras Whitney empacaba sus cosas, pensó en cuántas personas la habían culpado por la situación con Kevin y cuántas personas habían entendido mal su situación.

Sabía que mientras la gente pudiera culpar a la víctima e inventar razones para culpar a la mujer por el comportamiento de su abusador, entonces no tenían que aceptar la realidad de la violencia en las familias de todo el país. Es fácil estereotipar y etiquetar a las mujeres que no tienen identidad, pero está decidida a dar a la violencia doméstica un nombre y una cara. El mundo no podía ignorar este problema para siempre.

El viaje a casa esa noche parecía más largo de lo habitual. Whitney miró por su espejo retrovisor y notó que un automóvil la seguía de cerca. Hizo un rápido giro a la derecha en una calle lateral de su vecindario, y el otro vehículo giró a la derecha detrás de ella.

Aceleró y maniobró su auto de regreso a una vía principal, pero el auto detrás de ella estaba en persecución. Cuando ella disminuyó la velocidad, el otro auto también disminuyó la velocidad. Cuando aceleró, el otro auto también aceleró. Whitney pisó los frenos, y el auto detrás de ella se desvió y pasó a toda velocidad junto a ella. Levantó la vista justo a tiempo para ver un auto lleno de adolescentes risueños y ruidosos que salían alegres. Nerviosamente comenzó el viaje de regreso a su casa y pasó la mayor parte del tiempo mirándose en el espejo esperando que apareciera su posible agresor.

Whitney condujo alrededor de la cuadra dos veces para asegurarse de que nadie la siguiera o se escondiera fuera de su edificio de apartamentos antes de que finalmente se sintiera lo suficientemente cómoda como para salir del auto y entrar. Cuando llegó a casa, sus hijos ya estaban metidos en la cama y profundamente dormidos. Le pagó a la niñera y luego revisó todas las puertas y ventanas para asegurarse de que estuvieran cerradas.

Dando vueltas y vueltas, la misma pesadilla recurrente que perseguía sus sueños interrumpió su sueño. Nunca hubo una cara, solo una figura sombría que se escondía en las esquinas y detrás de las puertas esperando para atacar.

Incluso mientras dormía, podía sentir su cálido aliento contra su piel y sus manos agarradas con fuerza alrededor de su garganta. Ella luchó contra él, pateando sus piernas y balanceando sus brazos en el aire.

Jadeó para respirar de otro lado antes de que sus pulmones colapsaran. Whitney se sentó en la cama y agarró el cuchillo que mantenía escondido debajo del colchón. Se secó el sudor que goteaba de su frente y se sentó en silencio esperando a ver si era solo un sueño. Fue. Su habitación estaba en silencio, aparte del sonido de sus propios latidos del corazón resonando dentro de su pecho.

Un vaso de leche tibia y un poco de música relajante en la radio la ayudaron a quedrse dormida. Cuando se despertó por la mañana, su cara, cuello y cuerpo estaban cubiertos de urticaria. Era uno de los muchos síntomas causados por el estrés y el miedo al abuso que había soportado durante tanto tiempo. Se miró en el espejo y se dio cuenta de que apenas se reconocía.

Abrió la puerta principal, miró a su alrededor y recogió el periódico de la mañana. Así es como comenzó cada día. Siempre leía primero los titulares de primera plana, luego los cómics y luego los horóscopos para ver qué le deparaba el futuro. Ella leyó los obituarios por última vez.

Cada pocos meses, había una cara familiar. Era la de otra víctima de violencia doméstica que simplemente no salía a tiempo. Varios de los rostros pertenecían a mujeres que habían asistido a L.I.P.S. y luego regresaron al ambiente abusivo.

El periódico de hoy presentaba a una mujer mayor que había sido asesinada hace varios años. Era la misma foto y escrito que se publicaba cada año en esta fecha. Cada año, la familia de la mujer publicó un anuncio conmemorativo y una imagen en homenaje a su memoria. Debajo del pie de foto, decía: "A nuestra amada hija, hermana y amiga. Aunque ya no estás con nosotros, tu memoria vive para siempre".

Whitney solo miró a la mujer en la imagen por un momento, y una sola lágrima rodó por su rostro y cayó sobre el papel. Esta cara no solo era familiar, era familia.

Su tía Lena había sido víctima indirecta de violencia doméstica antes de que la situación se saliera de control. La hija de Lena salió con un abusador, y como resultado, toda la familia sufrió con ella mientras luchaba por sobrevivir a las incertidumbres de una relación abusiva.

En un día fatídico, el novio abusivo y la hija de Lena tuvieron una pelea, y él prometió matarla si intentaba dejarlo de nuevo. Ella se fue de todos modos, y él la siguió de regreso a la casa de su madre. Lena estaba en la cocina preparando la cena, y su otra hija estaba en el porche trasero. Saltó del auto detrás de ella mientras ella corría dentro de la puerta principal y por la puerta trasera.

El novio vio a Lena en la cocina, le gritó y le disparó a quemarropa. Se desplomó y cayó sobre la mesa de la cocina, y estaba muerta antes de caer al suelo. Al escuchar el disparo, la hija de Lena siguió corriendo hacia el bosque detrás de la casa.

El novio continuó persiguiéndola y se encontró con su hermana en el porche trasero. Él también le disparó. Aunque la lesión era potencialmente mortal, afortunadamente, ella lo logró. Fue arrestado y sentenciado a 50 años de prisión. Pero no importa cuán rápido o severo sea el castigo, todavía no trajo a Lena de regreso a su familia.

Las siguientes dos horas de la mañana de Whitney estuvieron llenas de las actividades típicas de preparar a los niños para la escuela y la guardería. Whitney tenía programado hablar sobre violencia doméstica a un grupo de 500 adolescentes en una de las escuelas secundarias locales. El público más joven siempre fue un desafío, por lo que pasó un tiempo extra repasando su discurso.

Para cuando Whitney se levantó para hablar, los estudiantes parecían inquietos y cansados de escuchar sobre las señales de advertencia y estadísticas de violencia doméstica. Así que eligió un enfoque diferente. Ella contó su historia, detallando los detalles íntimos de cómo su ex esposo la había aterrorizado durante más de una década. Ella les contó cómo él le había fracturado la nariz y le había dejado cicatrices y moretones en todo el cuerpo. Ella compartió con ellos cuántas veces la había violado y cómo la había acosado y amenazado su vida.

Al final de su presentación, tuvo toda la atención de todos. En esos 30 minutos, la violencia doméstica se había vuelto real para esos estudiantes. Whitney esperaba que su charla ayudara a algún joven a evitar convertirse en una víctima. Durante el período de preguntas y respuestas, una estudiante levantó la mano.

"Sí, ¿cómo te llamas?", preguntó Whitney.

"Soy Beverly, y quería hacerte una pregunta sobre algunas de las cosas por las que pasaste con tu ex esposo".

"Está bien. No me importa responder a tus preguntas, porque nunca se sabe, tu pregunta podría ayudar a salvar la vida de alguien", dijo Whitney.

Beverly tuvo una mirada seria en su rostro y dijo: "Si sabías que tu ex esposo estaba equivocado por golpearte, y sabías que escribir cheques malos era ilegal, ¿por qué te quedaste con él y por qué aceptaste su plan y robaste dinero de otras personas?"

"Esa es una excelente pregunta Beverly, y voy a responderla tan sinceramente como pueda", dijo Whitney.

"Una de las preguntas más populares que la gente hace sobre la violencia doméstica es '¿por qué las mujeres se quedan con los hombres que abusan de ellas?' Pero debo decirte que nadie se enamora de un abusador, porque esa no es la parte de la personalidad que conoces inicialmente. Me enamoré de un joven maravilloso que me amaba. Pero para cuando el abuso se hizo evidente, ya había invertido mucha energía y emoción en nuestra relación.

"Incluso después de una pelea, Kevin siempre se disculpaba y me decía cuánto me amaba. Realmente quería creer que era cierto, porque yo también lo amaba. Hay muchas razones por las que algunas mujeres se quedan. Incluyen el amor, el miedo, los hijos, la economía, la culpa, la vergüenza, la baja autoestima, la negación, la vergüenza, la religión y el compromiso. Todos esos son problemas importantes para abordar, y no es fácil comenzar de nuevo. A veces, tienes que tomar decisiones difíciles.

"Sí, sabía que robar estaba mal. Pero en ese momento, teníamos hijos y estábamos desesperados. Kevin estaba desempleado y mi salario no era suficiente para mantener a nuestro hogar. Tomé algunas decisiones difíciles y algunas decisiones equivocadas. Lo reconozco. Pero también hice lo que pensé que era necesario para mantenerme a salvo y con vida. En una situación de violencia doméstica, todo se trata de sobrevivir, y tú haces lo que tienes que hacer.

"Escribí los cheques para alimentar a mi familia. Y los escribí porque Kevin amenazó con golpearme si no hacía lo que me decía. Cuando tenía tu edad, o tal vez incluso más joven, prometí hacer todo lo posible para mantener a mi familia unida.

"No quería que mis hijos crecieran sin un padre, así que estaba decidida a hacer lo que tuviera que hacer para que la relación funcionara. Sinceramente, Beverly... el miedo y la desesperación te harán hacer cosas que nunca soñaste que harías. Durante ese tiempo, me convertí en alguien que ni siquiera reconocía. Escribí cheques malos, robé dinero de mi trabajo y me familiaricé mucho con el sistema de justicia penal".

Whitney había captado la atención de su audiencia adolescente, y se sentaron y escucharon atentamente. Tal vez si los jóvenes pudieran entender algunas de las circunstancias de abuso y violencia temprano, podrían evitar las consecuencias más tarde.

Ella continuó: "Parece que sería muy fácil simplemente empacar y dejar una situación peligrosa, pero en realidad, la situación se vuelve más peligrosa cuando intentas irte. De hecho, ese es el momento en que se cometen la mayoría de los asesinatos por violencia doméstica. En ese momento, no tenía familia cerca y no tenía a dónde ir. Además, tenía niños pequeños y estaba embarazada de mi hijo en ese momento. Imagínese tener que comenzar de nuevo, mantener a una familia y escapar de un cónyuge abusivo, sin ningún tipo de apoyo". Beverly asintió con la cabeza y se sentó entre sus compañeros de clase.

A continuación, un joven se acercó al micrófono en el auditorio para hacer una pregunta. "Sra. Little, tengo una pregunta para usted. Si te escuché bien, dijiste que tu esposo, es decir, tu ex esposo, fue a la cárcel por secuestrarte, agredirla sexualmente y violarte. No me refiero a ninguna falta de respeto, pero ¿cómo puede un esposo violar a su propia esposa?" Hubo asentimientos y susurros en la audiencia. Obviamente fue una pregunta que tocó un nervio con los estudiantes.

Whitney vio esto como una excelente oportunidad para educar a los estudiantes sobre las diferentes formas de abuso y cómo la personalidad controladora de un abusador justificaba ciertas acciones y comportamientos.

"¿Cómo te llamas?", preguntó.

"Mi nombre es Mitch".

"Bueno, Mitch, hay mucha gente, incluidos profesionales que trabajaron en mi caso, que hicieron la misma pregunta. Lo que la mayoría de la gente no entiende sobre la violación es que es un crimen sobre el poder, el control y la dominación. No se trata solo de sexo. En realidad, el sexo es el arma que se utiliza para ejercer ese poder y control.

"E independientemente de si una pareja está casada o no, si un esposo obliga a su esposa a tener relaciones sexuales, todavía se considera violación. Estar casado no le da a ninguno de los cónyuges una licencia para abusar de su pareja. El matrimonio es una institución basada en el amor y el respeto.

"La violación es un crimen. Y así, cuando mi ex esposo abusó de mí y me obligó a tener relaciones sexuales con él, él estaba tratando de dominar y controlar el poder en nuestra relación. No estaba demostrando amor. Así que sí, una mujer tiene derecho a estar segura en su matrimonio al igual que lo hace un esposo. Y es posible que un hombre viote a su propia esposa. Y también es justicia que sea castigado por ello".

Mitch se sentó de nuevo con una mirada perpleja en su rostro. Era obvio que no estaba convencido por la respuesta de Whitney.

Otra joven se acercó al micrófono. "Señora, solo quiero agradecerle por contar su historia. No creo que mucha gente se dé cuenta de lo grave que es esto realmente, y tengo un amigo que creo que puede estar en una situación potencialmente peligrosa. No estoy seguro de cómo abordar el tema porque no quiero que se enoje conmigo y piense que estoy tratando de entrar en su negocio.

"Pero de todos modos, mi pregunta para ti es: '¿Por qué tu ex esposo no consiguió un trabajo?' Parece que te golpeó y luego te hizo apoyar a la familia también. ¿Por qué no lo hiciste ir a trabajar y ayudar a cuidar de sus responsabilidades?"

Whitney negó con la cabeza mientras pensaba en recordar la situación. "Kevin tenía tan mal genio y personalidad inestable, que no podía mantener un trabajo por más de cuatro o cinco meses. Aunque era inteligente y talentoso, no podía llevarse bien con sus compañeros de trabajo y supervisores. Y en el mundo real, puedes ser despedido por tener una mala actitud. Seguí trabajando porque sabía que uno de nosotros tenía que proporcionar y poner comida en la mesa para nuestros hijos.

"Kevin me resentía por trabajar y conseguir un trabajo cuando no podía. Le molestaba el hecho de que la gente pareciera estar de mi lado, y no de la suya. Y todavía me culpó por destruir sus sueños y arruinar su carrera en el baloncesto. Tenía mucha ira, y me la sacó de muchas maneras diferentes.

"Las formas no eran solo abuso físico y sexual, sino también abuso mental, financiero y verbal. Cuanto peor se pusieron las cosas, más deprimido se volvió, y simplemente se rindió por vencido. Eventualmente, dejó de buscar un trabajo por completo y comenzó a crear diferentes formas de obtener algo a título en vano. Se quejaba en los restaurantes para obtener sus comidas de forma gratuita. Resbalé y me caí en un restaurante mientras cargaba a mi tercer hijo; ganó dinero con eso. Incluso usó los números de seguro social de sus padres para abrir una cuenta de tarjeta de crédito sin su conocimiento. Este definitivamente no era el joven del que me había enamorado.

"Honestamente, no podía hacer que Kevin hiciera nada. En ese momento, él tenía todo el control y el poder en nuestra relación. Quería que fuera a trabajar, y necesitaba que fuera a trabajar. Quería una vida normal. Pero también sabía que si no era a trabajar, entonces tendría que quedarme en casa y sufrir aún más abuso por parte de él. A pesar de que me golpeaba todos los días, sabía que yo no era responsable de su comportamiento. Incluso si Kevin no hiciera lo correcto, tenía que hacerlo".

Los estudiantes quedaron cautivados por la información que Whitney compartió y parecían apreciar genuinamente lo que estaba tratando de enseñarles. Esperaba que compartieran con otros las cosas que habían aprendido hoy.

"Tenemos tiempo para una pregunta más", dijo Whitney.

Otra joven se puso de pie y se acercó al micrófono. "Hola, señorita Little. Mi nombre es Miracle. Mi madre me llamó así porque estaba embarazada de mí cuando su novio casi la golpea hasta la muerte. Me gustaría saber por qué no llamaste a la policía la primera vez que tu ex esposo te golpeó, o por qué no dijiste la verdad cuando tus vecinos llamaron a la policía".

Whitney hizo una pausa por un momento antes de responder: "Milagro, gracias por hacer esa pregunta. En mi caso, no llamé a la policía porque sabía que solo empeoraría las cosas. Kevin odiaba que otras personas conocieran "nuestro negocio", y definitivamente no quería que me involucrara a extraños en lo que él consideraba nuestras vidas personales. En ese momento, pensé que el castigo por violencia doméstica no era lo suficientemente severo como para protegerme de él. Y tampoco tenía a dónde ir con niños pequeños. Sabía que si me iba, y Kevin me encontraba, probablemente me mataría".

Whitney miró su reloj y dijo: "Veo que estamos fuera de tiempo. Solo quiero agradecerles a todos por estar tan atentos y por hacer tan buenas preguntas. Espero que algo que he dicho aquí hoy haya sido útil". Recibió una ovación de pie.

La historia de Whitney era familiar, y resonaba con mujeres de todas las edades y orígenes en todo el mundo. Debido a sus experiencias, prometió marcar la diferencia y contar su historia a cualquiera que escuchara:

La violencia doméstica era tan común en nuestro hogar que nuestros hijos, e incluso los vecinos, se acostumbraron a ella. Al principio, los niños gritaban y lloraban y trataban de ayudarme. Después de un tiempo, dejaron de llorar, dejaron de tratar de ayudar y, finalmente, simplemente se sentaban a través de él y veían dibujos animados sin pestañear. Recuerdo que me pregunté: '¿Qué mensaje estoy enviando a mis hijos?'

Debido a que éramos una familia, Kevin se sintió muy cómodo en la relación y pensó que me quedaría con él debido a los niños. Su comportamiento obsesivo-compulsivo se hizo más evidente, y otros signos de su trastorno de la personalidad comenzaron a surgir. Si todos íbamos a algún lugar juntos, él pasaba cinco minutos abriendo y cerrando la puerta para asegurarse de que estuviera cerrada. Después de la cena, Kevin golpeaba cada ojo de la estufa para asegurarse de que estuvieran apagados; luego encendía y apagaba las perillas, solo para asegurarse. Por la noche, antes de acostarse, cerraba y abría la puerta una y otra vez.

Luego cruzaba el piso de la sala de estar, murmuraba para sí mismo y comenzaba el proceso de nuevo.

Había visto signos reveladores de este comportamiento cuando estábamos en la escuela secundaria, pero no en esta magnitud. Se volvió aún más posesivo y se convirtió en una rata de manada. Guardaba viejos papeles de la escuela secundaria y la universidad, recibos, envoltorios de dulces y cupones. No tiraba nada y no quería que nadie tocara sus pertenencias. Se volvió muy chatarra y se negó a ayudar a mantener limpio nuestro apartamento. En ese momento, no tenía ninguna explicación para su comportamiento. Le rogué que fuera a consejería, pero él se negó a buscar ayuda.

La lucha comenzó a intensificarse, e incluso comenzamos a pelear con los niños en la habitación. Kevin comenzó a enseñar a los niños a faltarme el respeto, a pesar de que yo era su madre.

Una tarde, en realidad les dijo a los niños que no me llamaran más "mamá".

Mi hija mayor tenía cinco años; mis hijos tenían tres años y nueve meses. Cuando llegué a casa del trabajo, corrieron a mi encuentro en la puerta principal, gritando: "¡Mami, mami, te extrañamos!" Kevin estaba enfurecido. Arrojó un vaso contra la pared y dijo: "No la llamas mamá. Es una puta y una puta. ¡Así es como la llamas!" Los niños simplemente lo miraron sin comprender y me abrazaron más fuerte. Tenía demasiado miedo de decir algo porque sabía que eso solo comenzaría otra pelea, y no quería que los niños se involucraran.

Hubo un momento decisivo en mi vida en el que supe que las cosas tenían que cambiar, o el daño sería irreversible. Mi hijo mayor estaba de pie en una silla en el fregadero de la cocina jugando en el agua. Le dije: "Cariño, baja de ahí. No quiero que te caigas".

"No quiero. Déjame en paz", gritó a todo pulmón.

"¿Disculpe? Mamá dijo 'baja'".

"¡No! No tengo que hacerlo. Déjame en paz, o le diré a papá que te lleve a esa habitación de nuevo y te golpee". Era oficial... ahora le habíamos enseñado a nuestro niño de tres años que estaba bien que un hombre golpeara a una mujer. Y si él se había dado cuenta de eso a la edad de tres años, entonces sabía que mi hija había recibido el mismo mensaje. Algo tenía que cambiar. Pero las cosas empeoraron antes de mejorar.

Me veía horrible y me sentía horrible. Mi autoestima estaba en su punto más bajo. Si mi cheque era un centavo corto, recibí una paliza. No podía permitirme ropa nueva ni pagar para que me hicieran el cabello. Si a Kevin no le gustaba algo que llevaba puesto, me arrancaba o cortaba la ropa de mi cuerpo y la destruía.

Después de un tiempo, solo tenía un total de cinco atuendos, dos sostenes y un par de zapatos. Cuando me enagué de comprar un nuevo par de zapatos porque el talón se estaba desprendiendo de uno de ellos, Kevin tomó los zapatos, los puso en el inodoro y orinó sobre ellos. Ni siquiera tenía mi propia ropa interior; Tuve que usar el suyo. Pensó que ningún hombre querría tener relaciones sexuales conmigo si yo llevaba ropa interior de hombre.

Los efectos del abuso eran evidentes. Mi habla comenzó a ser arrastrada, y mi visión comenzó a desvanecerse. Me habían golpeado en la cabeza tantas veces que pensé que podría tener algún daño cerebral permanente. Kevin me abofeteaba tan fuerte que literalmente veía estrellas y me sonaba la oreja.

Había cortes y moretones en toda la espalda y las piernas. Tenía un nudo del tamaño de una pelota de golf en mi pierna desde donde me pateó. Hubo días en que apenas podía caminar debido al abuso. A veces las palizas eran tan severas que comencé a tener experiencias fuera del cuerpo.

Con el tiempo, la ira de Kevin se combinó con la paranoia. Me llamaba constantemente al trabajo, cada hora de cada día. Me interrogó sobre mi horario de trabajo y con quién había hablado ese día. Incluso comenzó a examinar mi cuerpo cuando llegué a casa para asegurarse de que no había tenido relaciones sexuales con otro hombre. Fue muy humillante. Luego me golpeaba de nuevo y me obligaba a tener relaciones sexuales.

Esto se mantendría hasta las 2:00 o 3:00 de la mañana. Entonces, tendría que levantarme, soportar su abuso, volver al trabajo, volver a casa, y todo comenzaría de nuevo.

Ahora sufría de abuso físico, financiero, verbal, sexual y emocional. De todo, el abuso mental fue el peor, porque nunca supe lo que iba a suceder después. Vivía en un estado constante de miedo. Si estuviéramos en casa, no podría moverme a menos que Kevin me dijera que me mudara. No podía ir a ninguna parte sin su permiso. No podía ir al baño o recoger al bebé que lloraba a menos que me dijera que estaba bien.

Comencé a desarrollar un plan para escapar. Después de 10 años con Kevin, simplemente no podía soportarlo más. No quería arriesgarme a irme y tener que volver a casa. Cuando finalmente me armé de valor y los recursos para irme, no tenía la intención de regresar o mirar hacia atrás, nunca.

Durante semanas, desarrollé mi plan para alejarme de Kevin. Finalmente me acerqué a mi familia y me reconecté con mi madre y mi abuela. Acordaron ayudarme cuando estuviera listo para irme y no regresar.

Mi madre se estaba mudando de regreso a Carolina del Norte y mi contrato de arrendamiento había comenzado, así que habíamos planeado mudarnos juntos. Nos quedábamos con mi abuela en Virginia hasta que estuviéramos listos para mudarnos. Comencé a orar de nuevo, algo que no había hecho en años. Nunca habíamos asistido a la iglesia como familia, pero yo sabía que Dios era real. Estaba desesperada y necesitaba ayuda.

Sabía que Dios era el único que podía sacarme a salvo de esta situación. La ironía es que Dios me amó incondicionalmente todo el tiempo, pero me sentí demasiado culpable para pedirle ayuda. Había pasado toda mi vida tratando de hacer lo correcto, pero debido a Kevin, ahora me sentía indigno de recibir o merecer ayuda de Dios. ¿Cómo podría Dios ayudarme o seguir amándome después de todas las cosas que había hecho? Pero no importaba, porque Él todavía estaba allí amando suavemente y guiándome a un lugar seguro.

Mirando hacia atrás, me doy cuenta de que invertí más de 10 años en una relación que inevitablemente me mataría si no salía de ella. Nadie me dijo lo costoso que podía ser el precio del amor, pero lo pagué caro, y también lo hicieron mis hijos.

Cuando conocí a Kevin, tenía un futuro brillante y prometedor por delante. El cielo era el límite. Ahora, después de estar en una relación con él, tenía baja autoestima, cicatrices y moretones en todo el cuerpo, antecedentes penales y nada que llamar mío. Tuve tres hermosos hijos, pero cuando pensé en las circunstancias en las que vinieron a este mundo, solo me deprimió más.

Es difícil alejarse de alguien que amas, pero Kevin se había convertido en alguien que ni siquiera conocía. Me había golpeado sin piedad, incluso llegó a escupirme en la cara, lo que me despojó de mi dignidad, pero es cierto que todavía lo amaba. El amor es una emoción poderosa, y hace que las personas hagan cosas irracionales e inimaginables. En mi caso, me hizo renunciar a quien era y conformarme con menos de lo que merecía en la vida. El amor me hizo renunciar a mis sueños y regalar parte de mi futuro.

El precio del amor con Kevin casi me costó todo lo que tenía.

Había tratado de amar a Kevin y hacer que las cosas funcionaran entre nosotros durante 10 años. La situación estaba completamente fuera de control, y él también. Finalmente decidí que era hora de irme. Cada semana, tomaba el dinero de mi almuerzo y lo guardaba para mi escape. Me acerqué a otros para poder obtener ayuda. La lección más importante que aprendí sobre salir es: "Irse es un proceso, no un evento".

En todos los años que habíamos estado juntos, fui completamente fiel a Kevin a pesar de que constantemente cuestionaba mi fidelidad. Dos semanas antes de dejar a Kevin, conocí a otra persona. No estoy orgulloso de lo que hice, pero tuve una sola noche de descanso. Por primera y única vez, fui infiel en mi matrimonio.

No había nada romántico o emocionante en ello. Conocer a este tipo fue un encuentro casual alimentado por la pasión y la frustración. Ni siquiera recuerdo su nombre. Me vio en la farmacia mientras caminaba de regreso a mi auto y me preguntó mi nombre. Me felicitó y me dijo que le gustaría conocerme mejor. Él estaba allí cuando necesitaba a alguien que se preocupara.

Arreglamos reunirnos más tarde esa noche. Sabía que Kevin tenía mi horario memorizado, así que hice algunos de mis recados temprano para liberar algo de tiempo esa noche. Fui al apartamento del chico y pasamos 15 minutos juntos, ni más ni menos. No había flores ni cena a la luz de las velas, solo dos personas que estaban hambrientas de atención. Me fui sin decir una palabra.

Cuando llegué a casa esa noche, Kevin me hizo desnudarme para poder examinarme de nuevo. Como de costumbre, luchamos; me golpeó y luego me obligó a tener relaciones sexuales. Es interesante cómo me habían acusado erróneamente de infidelidad durante años, y aún así me golpearon. Y esa noche, lo miré a los ojos y mentí con esa misma cara recta; y recibió una paliza. Mientras me quedaba dormido esa noche, esperé a que la culpa de mi infidelidad entrara en acción. Nunca lo hizo. Para mí, la falta de culpa o preocupación fue la confirmación de que mi relación con Kevin había terminado, y era hora de dejarlo y seguir con mi vida.

El viernes 17 de septiembre de 1998 es un día que nunca olvidaré. La noche anterior tuve que convencer a Kevin de que un compañero de trabajo estaba dispuesto a arreglarme el pelo. Kevin no estaba preocupado por mi apariencia en el trabajo; simplemente no quería que me viera demasiado bien para mis compañeros de trabajo masculinos. El peinado era gratis, así que no pensé que a Kevin le importaría. Sorprendentemente, comenzó una discusión, pero gané. Me peiné.

Admito que tardó cuatro horas en completarse, pero valió la pena. Por primera vez en años, me sentí bonita de nuevo. Durante todo el viaje a casa bloqueé la idea de mi feo cuerpo maltratado escondido debajo de mi ropa. Antes de ir a casa, me detuve en la tienda de comestibles para recoger perritos de maíz y papas fritas para la cena, todavía sintiéndome en la nube nueve.

Cuando entré por la puerta, Kevin inmediatamente me encendió por llegar tarde a casa y me dio un puñetazo en la cabeza y la espalda. Me desplomé y caí al suelo. Luego me agarró del pelo y me tiró. Estaba pateando y gritando, tratando de alejarme de él. Parches de mi cabello estaban en el piso donde él lo había arrancado por las raíces. Me llamó por todos los nombres imaginables, y luego me arrojó una taza de agua en la cara y el cabello. Mis tres hijos estaban parados en la puerta del dormitorio mirando.

Kevin les dijo a los niños que se vinieran y se rieran del "feo peinado nuevo de mamá que estaba todo mojado". Los tres señalaron y se rieron de mí como matones en el patio de una escuela. Me quedé allí en estado de shock. Kevin declaró que tampoco quería "esa mierda" que traje a casa para cenar y que necesitaba recuperarla. Acepté y salí por la puerta. Ni siquiera se dio cuenta de que no me llevé la bolsa de comestibles conmigo.

Sé que Dios estaba conmigo ese día porque cuando me fui, no miré hacia atrás. Me subí al auto, al otro lado de la calle a un teléfono público y llamé a mi supervisor. Le conté lo que había pasado, que dejaba a Kevin y que iba a la policía. Todo el viaje a la comisaría estuve esperando que esa pequeña voz me dijera que me di la vuelta y volviera a casa. Pero nunca lo escuché.

Cuando llegué a la estación, un oficial femenino y masculino me saludaron. Le había explicado en detalle el horror en el que vivía en casa y que ya había tenido suficiente. Les dije que solo quería que me acompañaran a casa para llevar a mis hijos y algunas de mis pertenencias. No quería presentar cargos contra Kevin, solo quería que todo terminara pacíficamente.

Los policías presentaron una denuncia y tomaron fotos de mi cuerpo maltratado. Me rogaron que presentara cargos, pero seguí diciendo que no. Luego, los oficiales realizaron una verificación de antecedentes de Kevin y encontraron una orden de arresto pendiente para otra verificación sin valor, por lo que lo recogieron de inmediato. No quería que lo arrestaran, pero ya no era mi decisión.

Los dos oficiales me siguieron de regreso al apartamento. Cuando llegamos allí me quedé en el coche hasta que tuvieron a Kevin bajo custodia. Cuando el oficial fue a la puerta, Kevin no respondió, así que vino y consiguió mi llave para dejarse entrar. Todas las luces estaban apagadas en el apartamento y Kevin declaró que no escuchó la puerta porque estaba dando un baño a los niños. Kevin finalmente fue arrestado y llevado a la cárcel.

Tuvo que permanecer en la cárcel durante 48 horas antes de que sus padres pudieran rescatarlo. Una vez que Kevin fue liberado, se mudó con sus padres. Los niños y yo volvimos a Virginia con mi madre y mi abuela.

La audiencia judicial puso muchas cosas en marcha. Se estableció una orden de restricción de protección que obligó a Kevin a mantenerse alejado de mí. Kevin ya no podía escribirme o comunicarse conmigo por teléfono, y se le exigió que se mantuviera al menos a 100 yardas de distancia de mí. El juez me había dado la custodia total de los niños, lo que me dio control sobre cuándo podía verlos. Me adjudicaron el apartamento hasta que terminó el contrato de arrendamiento a pesar de que no me quedé allí. Los padres de Kevin no pudieron quitarme el auto ni quitarme el seguro debido al hecho de que todavía estaba trabajando para mantener a los niños.

El juez ordenó a Kevin que fuera a consejería. Finalmente alguien me escuchó y se dio cuenta de que necesitaba ayuda. Cuando salimos de la sala del tribunal, sentí una sensación de alivio, pero Kevin estaba decidido a iniciar el mismo ciclo de nuevo. Recuerdo que me seguía fuera de la sala del tribunal y gritaba mi nombre. "Whitney, Whitney, te amo. Lo siento mucho. Por favor, regresen a mí y tratemos de resolver las cosas. ¡Por favor, no me dejes! Lo siento. ¡Whitney!" Me siguió hasta el ascensor y salió al coche. Ni siquiera habíamos salido del juzgado, y él ya estaba violando la orden de protección que tenía contra él.

"Whitney", gritó. "No puedo creer que vayas a destrozar a nuestra familia. ¿Qué pasa con los niños? Dijiste que me amabas. Te amo, Whitney. Por favor, llámeme de regreso. Por favor, no me dejes. Iré a consejería. Recibiré ayuda. Haré lo que quieras que haga, solo por favor no me dejes. Me equivoqué. Estaba en la cárcel, por el amor de Dios, por favor, no me hagas esto. ¡Por favor!"

No quería una escena, y no quería comenzar una discusión. Así que traté de aplacarlo. Hablé muy suavemente: "Kevin, siempre te amaré, pero has ido demasiado lejos. No puedo seguir viviendo así".

Me interrumpió, "Lo sé. Lo sé. Me equivoqué y lo siento. Recibiré ayuda. Por favor, ayúdame... simplemente no me dejes. No desgarres a nuestra familia de esta manera. Solo dame otra oportunidad. Por favor, Whitney, solo dame otra oportunidad".

"Kevin, se acabó. Tuviste tus oportunidades y te negaste a obtener ayuda. Siempre te amaré, pero es hora de que sigamos adelante". Aunque tenía la custodia de los niños, todavía los dejé quedarse con Kevin. Como yo todavía estaba trabajando y Kevin no, él mantenía a los niños durante la semana y yo los conseguí los fines de semana. Incluso si no podíamos permanecer casados, pensé que debería tener una relación con sus hijos. Quería que conocieran a su padre.

Realmente quería ayudar a Kevin, y quería que obtuviera la ayuda psicológica que necesitaba, no para que pudiéramos estar juntos de nuevo, sino para que pudiera tener un futuro productivo. Dado que sus dos padres trabajaban durante el día y se negaban a darle el dinero para asistir a la consejería, el psicólogo no lo aceptaría como paciente. Kevin me rogó y me suplicó que lo ayudara, así que lo hice. En contra de mi mejor juicio, acepté pagar por su consejería y llevarlo a un programa de educación sobre violencia doméstica como parte de su rehabilitación.

Desafortunadamente, llegamos tarde. Tuve que pagar una multa y él nunca regresó. Todavía no estaba listo para aceptar la responsabilidad de sus acciones.

Ahora que Kevin y los niños vivían con sus padres, él estaba atrapando el infierno a diario. No pasó un día sin que se le recordara su fracaso como esposo y padre. Había tanto conflicto en la casa que Kevin tenía miedo de decir o hacer algo. Constantemente me llamaba y me rogaba que volviera con él. La respuesta siempre fue "no", pero eso no le impidió intentarlo.

Ahora que Kevin estaba fuera de escena, traté de comenzar a reenar mi vida. Encontré un nuevo sentido de fuerza. Encontré un nuevo sentido de propósito. Encontré un nuevo sentido de sí mismo. Me prometí a mí mismo que ya no sería una víctima. A pesar de que estaba enojado por cómo Kevin me había tratado y cómo había destruido a nuestra familia, nunca hablé negativamente de él frente a nuestros hijos. Todavía era su padre, y lo amaban.

Todavía estaba llevando a cabo mi plan de conseguir mi propio lugar para los niños y para mí. Al quedarme con mi abuela, pude ahorrar mucho dinero. Trabajé tantas horas extras como pude. Estaba planeando comenzar una nueva vida con los niños, libre de miedo.

Un día, mientras trabajaba, se puso en marcha una nueva clase de capacitación. Por primera vez en mucho tiempo, un hombre me llamó la atención. Después de lo que había experimentado con Kevin, conocer a alguien nuevo era lo más alejado de mi mente. Más tarde descubrí que él también tenía interés en mí. Su nombre era Kell, y también iba a trabajar en el turno de la tarde en T.M.S.

Un compañero de trabajo nuestro estaba haciendo una fiesta y Kell me pidió que lo conociera allí. Al principio estaba un poco indeciso, pero decidí ir. Nos reunimos más tarde esa noche después de la fiesta y terminamos hablando durante horas. Kell tenía un gran sentido del humor, y parecía que nos conocíamos desde hace años. Nos hicimos amigos de inmediato.

Le conté lo que estaba pasando con Kevin. Honestamente, estaba preparado para que se fuera porque pensé que no querría involucrarse con alguien con el tipo de equipaje emocional que tenía. Pero él entendió completamente, e incluso se ofreció a ayudarme a recuperarme. Él adoraba a mis hijos, y eso significaba el mundo para mí.

Kell fue el primer chico con el que salí desde que tenía 14 años. Las citas eran completamente nuevas para mí, porque había pasado los últimos 10 años con Kevin. Kell me llamaba todas las mañanas para saludarme y todas las noches para asegurarse de que había llegado a casa del trabajo de manera segura. Se sentía bien ser atendido. Pasamos mucho tiempo juntos yendo al cine, cenando o simplemente sentados conociéndonos mejor. Kell me estaba mostrando cómo debería ser una relación saludable; una relación sin miedo ni abuso.

Parecía que nuestras vidas estaban a punto de volver a la normalidad. Por el bien de los niños, Kevin y yo decidimos tratar de tener una salida familiar juntos, como en los viejos tiempos. De ninguna manera esto significaba que iba a volver con Kevin. Siempre sentí que a pesar de que no estábamos juntos, todavía podíamos ser civilizados y criar a nuestros hijos. Kell entendió que estaba tratando de mantener una relación entre mis hijos y su padre, y no parecía importarle.

El acuerdo era que Kevin y yo nos reunimos en la casa de sus padres, y luego llevábamos a los niños a Playworld y a cenar. Esto parecía inofensivo y ayudaría mucho a los niños en su proceso de curación. Cuando llegué por primera vez, la energía nerviosa llenó la habitación.

Nadie sabía qué decirme, así que centraron toda su atención en los niños. Kevin hizo un movimiento hacia la puerta y dijo que deberíamos ponernos en marcha. Los niños estaban emocionados de tener a sus padres de nuevo juntos.

Nos subimos al auto y Kevin se sacó del camino de entrada de sus padres. Me miró y me dijo: "¿Por qué te ves tan feliz sin mí?" Levantó el brazo en el aire, y la parte posterior de su mano se conectó con mi cara. Solo habíamos estado solos durante dos minutos, y el abuso había comenzado de nuevo. Me metió la mano debajo de la falda, me arrancó las bragas y me golpeó de nuevo.

Kevin gritó: "¿Por qué llevas ese vestido? ¿Con quién estás durmiendo? Sé que estás viendo a alguien más. ¿Quién es?" Los niños lloraban y gritaban en el asiento trasero. Levanté el brazo y traté de protegerme, lo que solo empeoró las cosas.

Kevin salió del vecindario de sus padres y se fue al costado de la carretera. Me golpeó en el asiento delantero mientras nuestros hijos miraban impotentes desde la parte trasera del auto. Kevin quería que supiera que todavía tenía el control. Le rogué que me llevara de vuelta a la casa de sus padres, pero él no me escuchó. Así que tomamos la hora y media en coche hasta la excursión. Siempre llevaba ropa extra en el maletero, así que me permitió cambiarme antes de salir del coche.

Todo el tiempo en Playworld y durante toda la cena, Kevin actuó como si nada fuera de lo común hubiera sucedido. Los niños se reían y jugaban, y yo me sentaba en silencio y no decía una palabra todo el tiempo. Estaba tan enojado y tan herido. Estaba tratando de robar mi nueva independencia. Estaba tratando de hacerme impotente de nuevo.

Kevin había violado todos los requisitos de la orden de protección de la corte y se dio cuenta de que podía enviarlo de vuelta a la cárcel. La conversación el resto de la noche fue unilateral con él rogándome que no presentara cargos contra él. "Whitney, por favor no llames a la policía", dijo. "Por favor, no me hagas volver a la cárcel. No pertenezco a la cárcel. Cuando te vi con ese vestido, simplemente perdí el control. Pensé que te estabas vistiendo para otro hombre. No quise golpearte. No lo volveré a hacer. Por favor, no me envíes de vuelta a la cárcel". No dije una palabra, solo asentí. Solo quería pasar la noche con vida y volver a casa a salvo.

Cuando llegué a casa esa noche, le conté a mi madre todo lo que había sucedido, e inmediatamente llamó al padre de Kevin. También se disculpó y nos pidió que no llamáramos a la policía y que Kevin volviera a la cárcel.

Mi madre, mi abuela y yo discutimos la situación, y les dije que Kevin necesitaba ayuda psicológica. No pensé que obtendría la ayuda que necesitaba en la cárcel, así que decidí no entregarlo. Una vez más, no tuvo que aceptar la responsabilidad de sus acciones. Me quedé tan lejos de él como pude.

Una de nuestras tradiciones familiares era ir juntos al circo todos los años en octubre. Este año no sería diferente, a pesar de que ya no éramos una familia. Les dije a los niños que el circo estaba en la ciudad y que ya había comprado nuestras entradas. Mi hija preguntó:

"¿Papá también viene?" Me quedé en silencio por un momento. Los niños lloraron y me suplicaron que invitara a su padre al circo. "Papá siempre va al circo con nosotros. Si papá no va, yo tampoco quiero ir". Llamé a Kevin y le conté sobre el circo.

Para evitar que se repitiera nuestro Playworld familiar y la salida a la cena, llevé a mi hermana menor y a mi hermano al circo con nosotros. Pensé que esta medida adicional de precaución me protegería del abuso de Kevin. No fue así.

Mientras los niños jugaban y disfrutaban de las atracciones, Kevin comenzó de nuevo. "Whitney, por favor vuelve a mí. Por favor, llédame de regreso". Ni siquiera podía disfrutar del circo porque Kevin hablaba todo el tiempo, rogándome que volviera con él.

"Whitney, ¿me escuchaste? ¿Me estás escuchando? Por favor, no me dejes. Por favor, llédame de regreso". Siguió y siguió y siguió. Si tuviera un centavo por cada vez que Kevin me llamara por mi nombre, me habría convertido en millonario en un día. Cuando terminó el circo, estaba exhausto.

Mientras todos nos dirigíamos de regreso al auto después del circo, me topé con dos compañeros de trabajo masculinos de mi trabajo en T.M.S. que llevaban un enorme oso de peluche de peluche. Los saludé con la salud y les dije: "¡Hola chicos! ¿Cómo estás? ¿Es ese oso de peluche para mí? Te veré en el trabajo el lunes". Sonrieron y pasaron junto a nosotros.

Al momento siguiente, sentí el puño de Kevin golpeando mi espalda. La fuerza con la que me golpeó me golpeó la parte posterior de las costillas y causó que mi espalda se hinchara. Me agarró del brazo y lo apretó con tanta fuerza que pensé que lo iba a romper. "¿Quién demonios era ese? Sabía que te estabas acostando con otra persona. ¿Estás durmiendo con ambos? ¡Respóndame!" Traté de arrebatarle el brazo de las garras. Me agarró más fuerte y prácticamente me arrastró el resto del camino hasta el coche. Todo el tiempo, él estaba diciendo: "Lo sabía. Sabía que estabas jugando".

Cuando llegamos al auto, Kevin me golpeó contra el costado y dijo: "Eso es todo. Estoy poniendo fin a esto. Te voy a matar esta noche. ¿Me oyes? ¡Esta noche, te voy a matar!" Mi hermano, mi hermana y mis hijos estaban parados a unos metros de distancia mirando. Honestamente, no pensé que haría nada con tantos testigos. No lo tomé en serio, así que le dije a mi hermana: "¿Lo escuchaste bien? Así que si termino muerto, sabes que lo hizo".

De camino a casa, alrededor de las 11:00 p.m., le dije a Kevin que se detuviera en una tienda de conveniencia durante toda la noche para poder comprar pañales para el bebé antes de regresar a Virginia. Mi hermana, mi hermano y mis hijos se habían quedado dormidos en el asiento trasero. Salí y Kevin se quedó en el auto.

Cuando salí de la tienda, Kevin me estaba esperando afuera de la puerta. Me agarró del brazo y me dijo: "Ven conmigo". No había mucho tráfico a esa hora de la noche, así que no pude pedir ayuda. Me agarró del brazo y me empujó a la vuelta de la esquina hacia la parte trasera del edificio. "Lámate la ropa, Whitney. Sabes lo que quiero".

"¿Estás loco? ¡Los niños están en el coche! Ya no estamos juntos. No estoy haciendo eso", le dije.

"Whitney, no estoy jugando contigo, y no nos iremos hasta que me des lo que quiero. Ahora lámate la ropa". Traté de huir y volver al auto, pero él me dominó y me arrastró detrás del edificio. Kevin estaba decidido a controlarme, sin importar lo que tuviera que hacer. No se preocupaba por mí. No le importaba volver a la cárcel. No le importaba que lo atraparan. Solo quería que supiera que él tenía el control de la situación.

Traté de escapar de nuevo, pero él no me soltó. Después de ir y venir con él durante varios minutos más, finalmente cedí. Me bí los pantalones y él me violó detrás de la tienda. Lloré todo el camino de regreso al auto.

Kevin sabía que iba a volver a la cárcel. Así que condujo toda la noche para que no pudiera denunciarlo a la policía. Conducía y me gritaba, culpándome por hacerlo enojar tanto. Luego murmuraba para sí mismo sobre lo fuera de control que estaba la situación y cómo solo quería que volviéramos a ser una familia. A la 1:30 de la mañana, los niños todavía estaban dormidos, pero mi hermana y mi hermano exigían irse a casa.

Kevin sabía que estaba en problemas, por lo que no podía decidir si se dejaba a sí mismo y a los niños primero o a mí y a mis hermanos. Condujo 20 minutos hasta la casa de sus padres, se detuvo en el camino de entrada y luego volvió a despegar. Luego fue a la casa de mi abuela e hizo lo mismo. Kevin hizo estos viajes de ida y vuelta tres veces más. Finalmente decidió regresar a través de la frontera de Carolina del Norte y dejarnos en una parada de camiones fuera del camino.

Cuando mis hermanos y yo estábamos saliendo del auto, vi a Kevin salir también y acercarse a mi puerta. Me ordenó que volviera al auto, pero le dije que no. Un camionero se acercó y estaba tratando de calmarlo. Kevin le dijo que se preocupara por sus asuntos y me obligó a entrar en el auto. Dejando atrás a mi hermana y a mi hermano, Kevin se fue a toda velocidad por la carretera con los niños y conmigo.

Tan pronto como nos fuimos, mi hermana llamó a nuestra madre, quien luego llamó a la policía. Hubo una búsqueda en todo el estado de nuestro vehículo, y mi madre le dijo a la policía que Kevin me había secuestrado. Kevin llamó a sus padres y le informaron que la policía nos estaba buscando. Convenció a sus padres para que llamaran a la policía y les dijeran que todo estaba bien, y que yo había ido voluntariamente con él. Nunca me hablaron. Simplemente llamaron a la policía y les dijeron que todo estaba bien. Desaronaron la búsqueda.

Kevin condujo toda la noche y me rogó que volviera con él todo el tiempo. En el fondo, sentí lástima por Kevin, pero era evidente que había perdido el control. Lenta pero seguramente, lo estaba perdiendo todo. Kevin me estaba contando cómo su vida se había desmoronado desde que lo dejé. Todo el tiempo estuve escuchando, pero también pensando en formas de hacer que me devolviera a casa a salvo.

Después de andar hasta las 6:00 de la mañana, convencí a Kevin para que se fuera a casa. Le dije que asistiría a consejería con él y tal vez podríamos reunir a nuestra familia. Lo llevé a él y a los niños a la casa de sus padres y finalmente me salí con la mía, otra vez.

Cuando llegué a la casa de mi abuela, mi madre se encendió en mí. Ella pensó que la historia que sus padres le contaron era cierta. Le expliqué la verdad, y una vez más ella se puso al teléfono con sus padres. El Sr. Little (de nuevo) le rogó a mi madre que no presentara cargos a pesar de que esta vez Kevin también puso en peligro a mi hermano, hermana e hijos. Una vez más decidimos no involucrar a la policía. Teníamos muy claro que Kevin necesitaba ayuda, no cárcel.

Incluso con todas las oportunidades que le había dado a Kevin para evitar la cárcel, todavía no se desataba. Un día me llamó al trabajo y me dijo que el bebé estaba enfermo y que tenía que venir de inmediato para llevarlo al hospital. El plan de Kevin era llevarme a la casa de sus padres mientras nadie más estuviera allí. Poco sabía él, yo venía con mi madre y mi abuela. Kevin se quedó en casa mientras llevábamos al bebé a la sala de emergencias. No había absolutamente nada malo con el bebé.

Justo cuando pensé que finalmente había recibido el mensaje, me sorprendió una vez más. Un sábado, mientras Kevin y sus padres estaban en casa, decidí ir a recoger a los niños. Como sus padres estaban allí, no anticipé un problema. Cuando nos preparamos para irnos sin Kevin, se enfureció. Me siguió hasta la puerta y comenzó a patearme y golpearme en el vestíbulo. Su madre y su padre tardaron en sacarlo de mí. Constantemente me acusaba de hacer trampa y afirmaba que simplemente no podía soportarlo más. Después de que finalmente se calmó, hablé con él por un rato para poder irme en paz.

A pesar de que el comportamiento de Kevin se parecía a una bomba de relojería, todavía no lo entrené a la policía. Seguí tratando de convencerme de que eventualmente él obtendría la imagen y seguiría adelante con su vida. Pero en realidad, cuanto más lo rechazaba, más enojado se volvía.

Capítulo 6: "Prueba y errores"

No estoy exagerando cuando digo que Kevin se convirtió en un acosador en mi vida. Ya sea que lo viera o no, siempre me estaba observando constantemente. Él me seguía, grabando cada uno de mis movimientos. Si él no podía controlar mi vida cuando estábamos juntos, la iba a controlar cuando estuviéramos separados.

Mi madre y yo nos mudamos juntos, irónicamente no muy lejos del concesionario de automóviles donde Kevin solía hacerlo y ahora regresaba al trabajo. Le dieron otro auto de la compañía y no pasó mucho tiempo antes de que Kevin apareciera en la escena.

A veces estaba fuera de mi trabajo... observándome. Luego me llamaba al trabajo, a pesar de que era una violación de la orden de protección de la corte, y me hacía declaraciones amenazantes. Me decía qué llevaba puesto y a qué hora había llegado al trabajo. Nunca lo vi mirándome. No saber dónde estaba me puso nervioso. Sus movimientos se volvieron más y más audaces cada semana. Luego se volvió descuidado; un día cometió un error que fue casi fatal.

Estaba tomando una siesta antes de ir a trabajar y me despertó el timbre del teléfono. Era mi vecino de al lado, Sean. "Hola Whitney, ¿qué hace tu ¿Se ve el exesposo?" Describí brevemente cómo era Kevin y el tipo de automóvil que conducía. Lo siguiente que escuché fueron los sonidos de una pelea. Corrí hacia la ventana para ver a Kevin y Sean peleando y rodando por la acera. Sean era un ex convicto que había cumplido condena por asesinato, por lo que no era ajeno al conflicto. Kevin trató de defenderse, pero no era rival para Sean.

En un instante, Sean sacó un arma y la sostuvo hasta la sien de Kevin. Lo escuché decir con rabia controlada: "Mira hombre, ella no te quiere más. ¡Déjala en paz! Si no lo haces, te juro que te mataré. ¿Me entiendes?" Sus palabras fueron lentas y deliberadas. Amartilló el arma y habló un poco más fuerte, "No dejes que te atrape por aquí de nuevo. Acabo de salir de la cárcel por disparar a un hombre, y juro que no tengo miedo de volver. Ahora sal de aquí y no dejes que te vuelva a ver".

Por primera vez desde que conocí a Kevin, estaba realmente asustado por su vida. Ahora sabía cómo me sentía todos los días. Cuando regresó a su auto, vi que sus pantalones estaban mojados en la parte delantera y sucios en la parte posterior. Sean literalmente había 'asustado la mierda de él'.

Ese encuentro con Sean solo lo afectó por un corto período de tiempo. Aunque no regresó a mi casa, todavía encontraría otras formas de acosarme. En noviembre de 1998, estaba conduciendo al trabajo y vi a Kevin siguiéndome en el espejo retrovisor. Se detuvo a mi lado y me indicó que bajara la ventana. Sacudí la cabeza "no" y esperaba que se fuera. Aunque no pude oírlo, lo vi pronunciar las palabras: "Te voy a matar". Luego golpeó el acelerador y desvió el auto hacia el mío y trató de sacarme de la carretera. Me siguió durante kilómetros, conduciendo como un maníaco enloquecido. Traté de escapar esquivando entre los autos y finalmente subiendo a la carretera, pero él se quedó justo en mi cola tratando de golpear el parachoques trasero y hacerme salir al costado de la carretera.

Otros autos tuvieron que salir del camino solo para evitar golpear, o ser golpeados, por nosotros. Yo conducía imprudentemente, y él también. En el espejo observé cómo continuaba señalándome y amenazándome. Seguí viéndolo decir repetidamente las palabras: "Te voy a matar". Estaba aterrorizada.

Tomé una salida de la autopista para dirigirme a la estación de policía, pero eso me puso justo en medio de un atasco de tráfico. No tenía a dónde ir. Afortunadamente, otro automovilista había presenciado lo que estaba sucediendo y levantó su teléfono celular para decir que estaba llamando a la policía. Asentí con la cabeza y luego dirigí el auto bruscamente por la acera y hacia el césped delantero de un complejo comercial.

Cuando mi auto se detuvo, Kevin se detuvo a mi lado, saltó y gritó. "Solo quiero hablar contigo, Whitney. ¡Sal del auto y déjame hablar contigo!" Me aseguré de mantener el coche en marcha y las puertas cerradas. Luego golpeé el acelerador para volver al tráfico, y él saltó a la parte trasera de mi auto.

El tráfico avanzaba lentamente, pero yo iba lo suficientemente rápido como para que Kevin no pudiera aguantar. Cuando miré por el espejo retrovisor, vi que su cuerpo golpeó el pavimento, rodó durante varios pies y luego se detuvo. Inmediatamente pensé: "Oh, Dios mío, lo he matado".

Frené de golpe y aparqué el coche. Me senté por un momento mirando en el espejo lateral para ver si se movía. No sé qué me asustó más: la idea de que lo había matado o la idea de que no lo había hecho. Lentamente, abrí la puerta del auto y salí.

Varios otros automovilistas que lo habían visto saltar al auto y caerse también se habían detenido y caminaban hacia él para ver si estaba bien. Llamé a algunos de los transeúntes mientras caminaba lentamente hacia él, "¿Está bien? ¿Lo maté? ¿Lo lastimé?"

Kevin simplemente yacía allí, pero sus ojos me miraban acercarse. Estaba acostado boca abajo y un brazo estaba torcido debajo de su cuerpo. Uno de sus zapatos había sido derribado por la caída. Cuando llegué a menos de 25 pies de él, Kevin saltó y corrió hacia mí. Grité y corrí de regreso a mi auto. Cerré de golpe y cerré la puerta del auto y comencé el encendido, todo en un solo movimiento. Tiré el auto en marcha y golpeé el acelerador, regresando al tráfico de la hora pico.

Viniendo de la dirección opuesta, un oficial de policía se dirigía a la escena. Hice un giro en U en medio de la carretera y volví a la escena del accidente. Bajaba la ventana y frenéticamente le dije al oficial de policía: "Ese es mi esposo. Estaba tratando de matarme. Por favor, arrestenlo porque trató de matarme". Nunca salí del auto. Cuando el oficial se acercó a mí para averiguar qué estaba pasando, Kevin volvió a subirse a su auto para continuar la persecución. El policía sacó su arma y lo persiguió a pie. Me escapé pasando un par de luces rojas y finalmente llegué a la estación de policía donde les informé sobre el incidente. También les mostré copias de la orden de protección que se había presentado en su contra.

Cuando llegué a la estación de policía, el oficial ya tenía a Kevin bajo custodia y estaba a punto de liberarlo.

Kevin había inventado más mentiras, diciéndoles que era un caso de "rabia en la carretera" que se le había ido de las manos, y que nunca me había visto antes. Hizo un argumento convincente hasta que le presentaron la orden de protección.

Una vez más, fue arrestado durante el fin de semana, y una vez más sus padres vinieron a rescatarlo. Fue como un ciclo interminable que nunca funcionó a mi favor.

Aunque había dejado a Kevin, él todavía encontró una manera de arruinar mi vida de una manera diferente todos los días. Había algo espeluznante en la forma en que nuestra relación se había deteriorado en la reciente avalancha de locura. Ya no éramos una pareja que estaba separada. Éramos enemigos en lados opuestos de la línea. Y en el juego que estábamos jugando, era matar o ser asesinado. Y las reglas siempre estaban cambiando. Kevin no se parecía en nada al hombre que una vez amé.

El 4 de diciembre de 1998 quedará grabado para siempre en mi mente. Kevin continuó su rutina de llamarme y acosarme, pero no tanto esa noche en particular. Me había llamado y me había dicho que había salido del trabajo y que se dirigía a casa. Me estaba bajando poco después de esa llamada.

Mi turno casi había terminado, así que decidí quitarme las pantimedias porque me habían estado picando e irritando toda la noche. Era tarde y hacía frío afuera. Kell y otras dos compañeras de trabajo salieron del edificio conmigo. Debido a la orden de protección, pude estacionar justo afuera del edificio, así que me ofrecí a llevarlos a los tres a sus autos en la cima de la colina.

Todos nos metimos y condujimos a través del estacionamiento. Cuando pasé por encima del primer reductor de velocidad, noté que la luz de mi maletero se encendió. Eso me pareció extraño, porque no había estado en mi baúl todo el día. Kell dijo: "Espero que ese loco ex esposo tuyo no haya manipulado tu auto y haya plantado una bomba en él". Todos nos reímos porque sabían que últimamente Kevin había estado actuando más loco de lo habitual.

Cuando pasamos por el segundo reductor de velocidad, la luz se encendió de nuevo, y acordamos comprobarlo una vez que llegáramos a sus autos estacionados. Una de las mujeres con nosotros salió junto con Kell e intentó abrir el maletero. Tiré de la palanca de liberación del maletero, pero no pasó nada. Cuando volvieron a tirar del maletero, Kevin saltó y todos comenzaron a correr y gritar. Salté del auto y comencé a correr para escapar.

Me quité los zapatos de tacón alto, pero el pavimento estaba frío y me cortó los pies descalzos. Entonces, corrí alrededor del auto tratando de mantenerme alejado de Kevin. Uno de los supervisores del trabajo vino corriendo porque vio a Kevin saltar del maletero. Hubo una confusión masiva. Kevin comenzó a tirar de sus pantalones como si tuviera un arma, y tenía miedo de que iba a lastimar a mis compañeros de trabajo, a mis amigos y a mí. Me exigió que fuera con él, así que acepté.

"Whitney, no vayas con él", me suplicaron. "No sabes lo que te va a hacer. Por favor, no vayas a ninguna parte".

Prácticamente le estaba rogando a Kevin: "Por favor, deja a mis amigos en paz. No tienen nada que ver con esto. Iré contigo, pero por favor no lastimes a nadie más.

Solo déjalos fuera de esto". Él estuvo de acuerdo, y yo me subí al auto.

Kevin se bajó conduciendo y estaba saliendo a toda velocidad del estacionamiento. Mi supervisor trató de saltar en el auto, y Kevin casi lo golpea y lo mata con su conducción imprudente. Le grité que disminuyera la velocidad y traté de agarrar el volante.

Simplemente ignoró mis palabras y luego me metió su pulgar en el ojo para castigarme. El auto se desvió a través de dos carriles de tráfico y literalmente temí por mi vida. En el fondo de mi mente pensé: "Esta noche es la noche en que voy a morir. De una forma u otra, mi vida va a terminar".

Para ahora, Kell había saltado a su auto y se había puesto en contacto con la policía en su teléfono celular. Nos siguió mientras Kevin aceleraba por la carretera. Kell trató de mantenerse al día y darle a la policía nuestra ubicación exacta. Nos alcanzó y encendió las luces como advertencia. Pero eso solo enfureció a Kevin y aceleró aún más rápido. A medida que nuestra velocidad se acercaba a 90 mph, la ira de Kevin también aumentó. Simplemente me gritó: "Mira lo que me hiciste hacer. Todo esto es culpa tuya. Solo quería hablar contigo. Si hubieras hablado conmigo, no habríamos tenido que pasar por todo esto. ¿Ves en lo que me has convertido?" Le grité: "¿Por qué no detienes el auto? Solo estás empeorando esta situación, Kevin. Solo detente ahora antes de arruinar por completo nuestras vidas. Basta con detener el coche. ¿Me oyes? ¡Detén el maldito auto!"

Siguió tejiendo por la carretera y finalmente se bajó en una salida oscura que atravesaba un barrio residencial. Rechazó un par de calles laterales para evadir a Kell. Kevin hizo un giro rápido y brusco hacia una subdivisión del vecindario, y el auto de Kell siguió acelerando. Ahora, la policía no sabría dónde encontrarnos. Mi única esperanza era tratar de razonar con Kevin y ayudarlo a calmarse.

A estas alturas, Kevin había disminuido la velocidad y estaba conduciendo sin rumbo por la ciudad. Vio un restaurante de comida rápida y se detuvo en el estacionamiento detrás del edificio. Detuvo el auto y me hizo salir con él. Todo lo que podía pensar era en el hecho de que nadie sabía dónde estaba, así que este era el lugar donde iba a terminar todo. Por desesperación, solté: "¿Me vas a matar? ¿Es por eso que te detuviste? ¿Me vas a matar?" Las lágrimas corrían por mi rostro y mi voz temblaba, tanto por el miedo como por la temperatura gélida. La frustración y la ira comenzaban a disminuir, y la realidad comenzó a establecerse. Podía decir por la mirada en sus ojos que Kevin finalmente se dio cuenta de que había cruzado la línea, y que no había vuelta atrás.

Tenía una mirada en blanco en sus ojos, y me preguntó si quería que me llevara. Eso me enfureció, "No, no quiero que me cargues. ¡No quiero nada de ti! ¿Qué te pasa, Kevin? ¿Estás demente? ¿Por qué estás haciendo esto? ¿Estás planeando matarme?" No respondió. Simplemente me hizo seguir caminando más hacia la oscuridad.

Las protuberancias frías cubrieron mi cuerpo y comencé a temblar. Mis pies estaban magullados por correr en el estacionamiento esa noche y caminar descalzo en el frío. Kevin parecía estar retirándose a su propio pequeño mundo, así que traté de razonar con él y hacerle saber las consecuencias de sus acciones si no se detenía en ese momento.

Le dije que si me mataba, iría a la cárcel. Le dije que nuestros hijos, a quienes amaba tanto, estarían sin madre y padre. Él amaba a esos niños, así que traté de jugar con su simpatía usando a los niños. Intenté todo lo que se me oyó para salvar mi vida. Kevin había dejado de discutir y había dejado de hablarme en este momento. No tenía forma de saber lo que estaba pensando. Entonces, me puse a llorar.

Caminamos por un espacio estrecho con una larga caída detrás de un almacén abandonado y nos sentamos cerca del borde del bosque. Kevin me miró y dijo: "Lámate la ropa". Se estaba congelando afuera. Pensé para mí misma que me iba a violar y luego me iba a matar; y dejar mi cuerpo en el bosque. El tono que usó no fue contundente ni enojado. De hecho, fue más amable conmigo que nunca. Dije "no" y comencé a resistirme, pero luego me quedé muy quieta y muy tranquila en el suelo mientras él me besaba entre mis muslos, me practicaba sexo oral y luego tenía relaciones sexuales conmigo. Como de costumbre con él, "no" nunca significó "no".

Cuando terminó, se dio cuenta de lo que estaba sucediendo y de lo fuera de control que se habían puesto las cosas, y se enojó de nuevo. Kevin comenzó a susurrar y murmurar para sí mismo: "Debería haberle quitado el teléfono a ese tipo. Realmente lo soplé esta vez. Voy a estar en muchos problemas". Me senté en silencio y lo escuché mientras me volvía a poner la ropa.

"Whitney, deberías haberme dejado hablar contigo por un tiempo. No te iba a lastimar, solo quería hablar. Ahora mira lo que ha pasado. ¿Por qué no le quité el teléfono a ese tipo en tu trabajo? Maldita sea, estoy en muchos problemas. Hice todo esto por ti. Arruiné toda mi vida por tu culpa, Whitney. Maldita sea".

Kevin continuó diciendo que cuando me llamó antes y me dijo que se iba a casa, honestamente lo estaba. Dijo que había ido a cenar y que tenía la opción de girar a la derecha e ir a casa o girar a la izquierda y venir a mi trabajo, e intentar hablar conmigo una vez más. Declaró que cuando llegó a mi trabajo, comenzó a cavar en el maletero de mi automóvil en busca de evidencia de que estaba durmiendo con otro hombre.

Decidió que como no hablaría con él por teléfono, se escondería en el maletero. Y cuando me subí al auto, planeó arrastrarse por el asiento trasero y hablar conmigo cara a cara. El plan de Kevin fracasó cuando mis compañeros de trabajo se subieron al asiento trasero y lo encerraron en el maletero. Se dio cuenta de que debería haber hecho el giro a la derecha y haberse ido a casa.

Los cargos seguían acumulándose. Kevin todavía no había enfrentado los cargos por saltar en la parte trasera de mi auto o violar su libertad condicional y la orden de restricción. Ahora, además de todo lo demás, se enfrentaba a cargos de secuestro, violación y agresión sexual. Nos sentamos en el frío durante tres horas con Kevin, hablando principalmente consigo mismo, tratando de descubrir cómo sacar lo mejor de una situación muy mala. Habló de robar un automóvil y salir de la ciudad para esconderse. Realmente se aferraba a las pajitas. A lo lejos oímos sonar un silbato de tren, así que decidió que debía terminar con todo saltando frente al tren. Mi mente estaba atascada en el hecho de que probablemente estaba planeando matarme, y cumplir con la letanía de amenazas que había estado haciendo a lo largo de los años.

Es increíble cómo todos comenzamos con estos maravillosos planes y aspiraciones para nuestras vidas. Y solo se necesita una decisión equivocada para arruinarlo todo. Para Kevin, sus errores fueron no aceptar un "no" como respuesta y negarse a obtener la ayuda que claramente necesitaba. Para mí, mi error fue esperar que Kevin se transformara en alguien que no era. Seguí buscando y esperando a que mi Príncipe Azul volviera a aparecer, pero nunca lo hizo.

Mientras Kevin caminaba hacia arriba y hacia abajo cerca del borde del bosque, mi mente volvió a mi infancia y adolescencia. Pensé en todas las cosas divertidas que me había perdido. Recordé a todos los amigos con los que no salía porque quería pasar tiempo con Kevin. Pensé en todas las cosas que no pude experimentar porque estaba en una relación con él. Pensé en todas las cosas que haría de manera diferente si tuviera la oportunidad de vivir mi vida de nuevo. Pensé que estos pensamientos eran el equivalente a "mi vida pasando ante mis ojos". Esa noche, realmente creí que me iba a matar.

Podía escuchar las voces de mis hijos resonando en el fondo de mi mente. No estaba listo para dejarlos, y definitivamente no estaba listo para morir. Ellos necesitaban a su madre, y yo también necesitaba estar con ellos. Pero Kevin me había lastimado mucho en el pasado; matarme no parecía estar fuera del ámbito de lo posible.

Es interesante cómo vemos las situaciones cuando pensamos que no podemos tener otra oportunidad de hacer las cosas bien. Solo quería vivir. Pero la mirada en los ojos de Kevin me dijo que no le importaba si uno de nosotros vivía o moría.

Kevin dejó de caminar el tiempo suficiente para hacerme una pregunta coherente: "¿Me ayudarás?"

Dudé. "Sí, te ayudaré", le dije. "Haré todo lo posible para ayudarte".

Mis instintos de supervivencia se activaron y el equilibrio de poder comenzó a cambiar.

Fui detrás de ese almacén sintiéndome asustado y asustado. Pero salí confiado y seguro en el hecho de que Kevin ya no iba a controlar mi vida. Sabía que estaba asustado, y lo usé a mi favor. Jugué con sus vulnerabilidades y recuperé su confianza.

"Kevin, estoy aquí para ti", le dije. "Todo va a estar bien. Te ayudaré como pueda. Solo confía en mí ... todo va a estar bien". Le di un abrazo a Kevin, sin saber que sería el último.

Caminamos de regreso hacia el auto. Muy lentamente, la situación comenzaba a inclinarse hacia mi favor; el control se había desplazado hacia mi lado. Mi principal objetivo era salir vivo de ese almacén, y volver al coche y a un lugar público donde algún otro lugar pudiera vernos. Cuando volvimos al coche, notamos que el nivel de combustible estaba vacío.

Paramos a buscar gasolina en una estación durante toda la noche, pero estaba cerrada por renovaciones. Seguimos conduciendo hasta que llegamos a otra estación, y nos detuvimos para conseguir gasolina. Kevin salió a bombear el gas y yo me quedé en el coche. Mi mente iba una milla por minuto sin saber qué hacer a continuación. Tan pronto como Kevin regresó al auto, un crucero de la policía se acercó detrás de nosotros; una ola de alivio se apoderó de mí.

El oficial no encendió sus luces ni la sirena. Simplemente nos siguió desde una distancia segura. Kevin siguió conduciendo y luego comenzó a acelerar. Comenzó a ir cada vez más rápido diciendo que no quería ir a la cárcel una y otra vez. Le dije: "Kevin, sabes que está pidiendo respaldo. Aquí es donde termina. Solo pon fin a esto".

Después de que se convenció de que le impediría ir a la cárcel, Kevin decidió detérse. Con el coche parado y el motor aún en marcha, puse el coche en el aparcamiento. Justo cuando el oficial se acercaba al auto, Kevin puso el auto en marcha, dijo que no podía ir a la cárcel nuevamente y aceleró.

Le grité: "¿Qué estás haciendo? ¡Realmente has enloquecido a ese oficial!" Cuando me di la vuelta, vi varios coches de policía y todos tenían luces azules y sirenas. Kevin lideró la persecución durante unas pocas millas. En ese momento, tenía más miedo de que él tuviera un accidente y me matara que cualquier otra cosa. Nos llevó por una carretera de dos carriles con los oficiales siguiéndonos de cerca.

Delante de nosotros había un control de carretera con agentes de policía de tres distritos diferentes. Le dije a Kevin que simplemente detuviera el auto y se rindió. Le dije que no estaba superando el bloqueo, así que tenía que rendirse. Kevin tuvo que asegurarse una última vez de que lo ayudaría a salir de esta situación, y le dije que lo haría. Finalmente, se acabó. Una vez más, Kevin detuvo el auto y yo puse el auto estacionado. Lo siguiente que escuchamos fue una voz retumbante en un megáfono: "Tú en el auto, levanta las manos".

Nunca había visto tantas armas desenfundadas en mi vida. Un oficial de policía abrió lentamente mi puerta, me agarró y me tiró al suelo fuera del camino. La emoción se apoderó de mí como una inundación, y me quedé allí en el suelo llorando. Finalmente fui libre.

Cuando llegamos a la comisaría me dijeron que mi madre había sido contactada y que se dirigía. Poco después de que mi madre y Kell llegaron, fui a dar mi declaración a un oficial. Describí todo lo que había sucedido con todo detalle, excepto la violación real y la agresión sexual. Miré a mi madre y le dije: "Y por supuesto me hizo hacerlo".

Hasta el día de hoy, nunca olvidaré a ese oficial que me preguntó si dije o no "no". Así es. Había dicho "no" muchas veces. El oficial me miró y me dijo: "te violó".

Por primera vez en toda mi relación de 10 años con Kevin me di cuenta de que me estaba violando cada vez que decía "no", y me obligó a tener relaciones sexuales de todos modos. En ese mismo momento, me di cuenta de que seis de mis siete embarazos, incluidos mis tres hijos vivos, fueron concebidos en violación, no en amor. Esa comprensión me destrozó por dentro.

Una vez que pasó en la estación de policía, me llevaron al hospital local. Me trataron por mi ojo y mis pies hinchados y cortados; pero principalmente estuve allí para tener un kit de violación preparado en mí. El refugio local para mujeres maltratadas envió a un defensor al hospital para que me apoyara durante ese momento difícil. Recuerdo que no dije demasiado de nada porque estaba muy agotado. Todo lo que quería hacer era irme a la cama.

Más tarde ese día, Kevin fue arrestado y acusado de múltiples cargos. Como había sido arrestado tantas otras veces antes de este y salió, el juez finalmente vio que era claramente un peligro para mí. La fianza de Kevin se fijó en 500.000 dólares.

Los padres de Kevin trataron de poner su casa en Virginia para sacarlo bajo fianza, pero afortunadamente no pudieron poner propiedades fuera del estado. Un par de meses después, la fianza de Kevin se redujo a $ 250,000. Sus padres no pudieron conseguir el dinero, por lo que Kevin permaneció en la cárcel hasta que fuimos a juicio en agosto de 2000.

Después de la acusación de Kevin, sus padres se dieron cuenta de que se enfrentaba a una grave pena de prisión y mostraron sus verdaderos colores. Se volvieron contra mí e hicieron que todo fuera mi culpa. La Sra. Little había dejado de hablarme por completo. Por otro lado, si no fue Kevin quien me llamó, fue su padre, rogándome que retirara los cargos. Pero el estado tenía tanta evidencia contra Kevin que ni siquiera necesitaban que yo presentara cargos. De hecho, todos los cargos contra Kevin se enumeraron como el Estado de Carolina del Norte contra Kevin Little, no Whitney Little contra Kevin Little. No podría ayudar a Kevin si quisiera. Estaba fuera de mis manos y ya no sentía que nada de eso fuera mi culpa.

Le había dado a Kevin más oportunidades de las que cualquier persona merecía. Había sostenido mi parte del trato y me había quedado con él en las buenas y en las malas; más rico o más pobre, enfermedad y salud, y spongo cosas que no le desearía a mi peor enemigo. A pesar de que había pasado por todo eso, todavía no quería ver a Kevin ir a prisión. Todavía desearía que las cosas hubieran resultado de manera diferente. Me di cuenta de que Kevin tomó sus propias decisiones, y ahora tenía que lidiar con las consecuencias.

La noche antes de ir a la corte, tuve la misma pesadilla recurrente, pero esta vez el final fue diferente. En mi sueño, vi una figura sombría en la esquina, y él comenzó a caminar hacia mí con un cuchillo.

Grité "NO" a todo pulmón y él se escapó. Me senté jadeando por aire y agarrando el costado de mi cama. Entonces sentí una calma a mi alrededor y supe que todo iba a estar bien.

Pasamos dos semanas en la corte testificando sobre los últimos 10 años de mi vida. Era el mundo y yo contra Kevin Little.

Juez: "Damas y caballeros, ustedes han sido juramentados e iluminados para servir como jurados en este caso. En este momento, me gustaría explicarles la manera en que procederemos mientras buscamos juntos encontrar la verdad.

En primer lugar, los abogados tendrán la oportunidad de hacerle declaraciones de apertura. El propósito de una declaración de apertura es estrecho y limitado. Es un mero pronóstico de lo que ese abogado cree que la evidencia admisible mostrará durante el curso del juicio. Una declaración de apertura no es evidencia. No debe ser considerado por usted como evidencia.

La evidencia vendrá en forma de testimonio de los testigos, cualquier admisión de las partes, estipulaciones de abogado o cualquier prueba física que puedan ofrecer las partes.

Después de la declaración de apertura, se ofrecerán pruebas y los testigos serán puestos bajo juramento e interrogados por los abogados.

Cuando la evidencia esté completa, los abogados le harán su argumento final. Una vez más, los argumentos finales de los abogados no son evidencia, sino que se dan para ayudarlo a evaluar la evidencia que ha escuchado durante el curso del juicio. Finalmente, justo antes de retirarse para considerar su veredicto, le daré mis instrucciones sobre la ley que debe aplicar a los hechos en este caso. En ese momento, declararé y les explicaré la ley que surge sobre la evidencia. Luego serás llevado a la sala del jurado para deliberar sobre tu veredicto".

Los primeros días fueron una reiteración de todos los abusos que habían tenido lugar a lo largo de los años. Esto le dio al jurado información de antecedentes para ver y comprender el patrón de abuso que se había desarrollado. Supongo que mi testimonio fue tan poderoso que el abogado de Kevin lo había convencido de aceptar una declaración de culpabilidad tres veces diferentes durante el juicio, pero se sacó atrás cada vez. Tenía la oportunidad de obtener menos tiempo en la cárcel si acababa de declararse culpable, pero confiaba en que sería absuelto de todos los cargos.

Los padres de Kevin estaban en la corte todos los días apoyando a su hijo. Nunca me hablaron. De hecho, cuando estaba dando mi testimonio, la Sra. Little me ignoró y hojeó una revista. Y cuando comencé a dar un testimonio dañino, ambos se sentaron en la sala del tribunal burlándose de mí. Estaban tan distraídos que el juez les ordenó que se detuvieran o los mantendría en desacato a la corte.

El siguiente par de días contó con varios testigos que testificaron sobre ataques aleatorios y el comportamiento errático de Kevin justo antes de su arresto. Los psicólogos y psiquiatras forenses que proporcionaron información sobre el estado mental de Kevin dominaron la segunda semana de testimonio.

Kevin había sido diagnosticado con trastorno bipolar, y sus abogados esperaban usar ese diagnóstico a su favor para mantenerlo fuera de la cárcel. El primer médico testificó: "La enfermedad bipolar se manifiesta realmente en un espectro. Un extremo del espectro es la depresión mayor severa durante la cual una persona puede ser suicida.

No están comiendo, no duermen, lloran constantemente y no muestran energía. El otro extremo del espectro es algo opuesto a eso, donde pueden tener energía excesiva, no requerir dormir, a veces pasando juergas o demostrando malos períodos de juicio. A menudo, el abuso de sustancias es parte de esto. Cuando conocí a Kevin, creo que lo habían probado con un par de antidepresivos. El tratamiento estándar para la enfermedad bipolar es básicamente un estabilizador del estado de ánimo. El litio fue el primer estabilizador del estado de ánimo. Desde entonces, tenemos varios otros. También usamos comúnmente medicamentos antipsicóticos, y estos suelen ser para tratar delirios o alucinaciones, que también son muy comunes en el estado maníaco de esta enfermedad.

La naturaleza de la enfermedad bipolar es bastante variable. Hay formas conocidas como reciclaje rápido donde el estado de ánimo de una persona puede cambiar en el transcurso de una o dos horas, y eso es solo el trastorno bipolar de la fábrica donde el reciclaje suele ser cada tres o cuatro meses. Cuanto más tiempo pasa sin tratar, generalmente es más difícil de tratar y más frecuentes son las recaídas.

Al tratar con Kevin Little, lo observamos y tratamos en un estado mixto. Eso significa que la persona tiene manifestaciones de depresión y manía al mismo tiempo".

A lo largo del juicio, fue evidente que Kevin todavía no creía que hubiera hecho nada malo. Toda su defensa fue "¿cómo puede un marido violar a su propia esposa?" Todavía no estaba dispuesto a aceptar la responsabilidad de sus acciones, y se notó. A medida que su destino se acercaba, hizo un movimiento para cortarme la garganta de oreja a oreja. No tuvo muchos simpatizantes durante el juicio. De hecho, su arrogancia y desprolencia hacia los procedimientos irritaron al juez y a su propio abogado. Simplemente no lo consiguió.

Antes de que todo terminara, Kevin había enojado a su ahora segundo abogado defensor. El primer conjunto de abogados de Kevin renunció justo antes de que comenzara el juicio porque no podían lidiar con sus tácticas, y su abogado actual no parecía poder terminar el juicio lo suficientemente rápido.

Juez: "Miembros del jurado, han escuchado la evidencia y el argumento del abogado del Estado y del acusado. Es su deber no sólo considerar todas las pruebas, sino considerar todos los argumentos y las contenciones y posiciones instadas por los abogados del Estado y el abogado defensor, y cualquier otra contención que surja de la evidencia; y para sopesarlos a la luz de su sentido común y lo mejor que pueda, determine la verdad en este asunto.

Le instruyo que un veredicto no es un veredicto hasta que los 12 miembros del jurado acuerden por unanimidad cuál será su decisión. Todos ustedes tienen el deber de consultarse unos con otros y de deliberar con miras a llegar a un acuerdo, si se puede hacer sin violencia a su juicio individual. Cada uno de ustedes debe decidir el caso por sí mismo, pero solo después de una consideración imparcial de la evidencia con sus compañeros del jurado".

Había llegado el momento de que Kevin se enfrentara tanto al juez como al jurado: Juez: "Damas y caballeros del jurado, me dicen que tienen un veredicto. ¿Es eso correcto?"

Jurado: "Sí".

Juez: "En el expediente número 107818, usted encuentra al acusado Kevin Little culpable de restricción criminal. ¿Es este su veredicto, así que dígalos a todos?"

Jurado: "Sí".

Juez: "En cuanto al cargo dos, su capataz ha devuelto su veredicto y usted encuentra al acusado culpable de asalto a Whitney Jordan Little. ¿Fue este su veredicto, así que dígalo a todos?"

Jurado: "Sí".

Juez: "En cuanto al cargo tres, usted encuentra al acusado culpable de asalto a Whitney Little. ¿Es este su veredicto, así que dígalos a todos?"

Jurado: "Sí".

Juez: "En el expediente número 102414, su capataz ha devuelto su veredicto y usted encuentra al acusado culpable de conducción descuidada e imprudente. ¿Fue este su veredicto, así que dígalo a todos?"

Jurado: "Sí".

Juez: "En el expediente número 102406, su capataz ha devuelto su veredicto y usted encuentra al acusado culpable de violar una orden de violencia doméstica. ¿Es este su veredicto, así que dígalos a todos?"

Jurado: "Sí".

Juez: "En el expediente número 64575, en cuanto a un cargo, su capataz ha devuelto su veredicto y usted encuentra al acusado culpable de violación en segundo grado. ¿Fue este su veredicto, así que dígalo a todos?"

Jurado: "Sí".

Juez: "En cuanto al cargo dos, su capataz ha devuelto su veredicto y usted encuentra al acusado culpable de un delito sexual en segundo grado. ¿Fue este su veredicto, así que dígalo a todos?"

Jurado: "Sí".

De todos los cargos de los que Kevin fue declarado culpable, quería saber qué miembros del jurado lo condenaron por los cargos de violación y agresión sexual. Así que el jurado fue encuestado, y para sorpresa de Kevin, fueron todos ellos. Finalmente se le demostró que un marido podía violar a su esposa e ir a la cárcel por ello también.

El jurado fue despedido. El caso había sido hecho, y Kevin fue declarado culpable. Después de dos semanas de testimonio, la terrible experiencia de 12 años finalmente estaba llegando a su fin. La fiscal del estado en sus comentarios durante la pre-sentencia, resumió el total de mis experiencias con Kevin:

"Su Señoría, no quiero ser demasiado dramático sobre este caso, pero este es un caso en el que creo que usted, como juez de sentencia, literalmente tiene la vida de esta mujer en sus manos. Kevin Little no escuchó a nadie cuando le dijeron que dejara a Whitney Jordan Little sola. Los jueces trataron de decírselo con órdenes de protección, pero no escuchó. Trataron de llegar a él con órdenes de liberación de la cárcel. Todavía no escuchaba.

Un vecino de al lado sostuvo un arma en la cabeza y dijo: "Déjala en paz". No lo hizo. No escuchaba a nadie. No va a ser disuadido si sale de prisión. Eso es un hecho.

Su Señoría, ha tenido la oportunidad de observar su comportamiento en esta sala del tribunal. No acepta la responsabilidad de nada de lo que hizo. Nunca lo conseguirá. Sé que esto suena dramático, pero si él está fuera de la cárcel, entonces ella está en peligro. Y por esa razón Su Señoría, le pediría que sea sentenciado consecutivamente por cada uno de los cargos de delito grave y que sea sentenciado en el rango agravado. Esa es la única forma en que el Estado puede decir de buena fe que hemos hecho nuestro trabajo y que le hemos pedido que haga lo que creemos que la protegerá".

El juez le dio a Kevin la oportunidad de hablar antes de recibir su sentencia: "Ojalá las cosas hubieran funcionado de manera diferente. Tal vez podríamos haber resuelto las cosas entre nosotros en la oficina de un consejero matrimonial en lugar de un tribunal de justicia. Ahora solo quiero ir a casa y estar con mis hijos. Es todo. Esa es toda mi intención. No quiero salir y causarle a mi ex esposa ningún daño indebido, estrés indebido o algo de esa naturaleza. Quiero salir y estar con mis hijos.

Este ha sido un período de adaptación difícil para mí, y no estoy deseando pasar tiempo en prisión. Solo quiero reiterar que no le deseo ningún daño. No le deseo ningún daño en absoluto, y me alegra saber que lo está haciendo bien. No quiero salir y lastimarla de nuevo, ni nada en ese sentido. Como dije antes, solo quiero salir y ser padre de mis hijos.

Necesitan un padre en sus vidas. Si me liberaran hoy, todo lo que haría es correr y buscar a mis hijos y tratar de recuperar todo el tiempo perdido. No saldría y cometería algún acto tonto que me llevaría de nuevo a la cárcel. No le deseo ningún daño en absoluto. Solo estoy preocupado por mis hijos. Amo a mis hijos más que a nada en este mundo".

El juez respondió antes de anunciar la sentencia:

"Bueno, Sr. Little, esta es una situación triste. Por supuesto, eres el dueño de tu destino. Estás aquí por tus acciones. Usted ha tenido que tomar decisiones durante este procedimiento. Has tenido que tomar decisiones en la vida, y debido a esas decisiones, estás aquí frente a mí hoy. Como he dicho, mi principal preocupación es por tu ex esposa, y no quiero que le pase nada. No estoy totalmente convencido de que veas los sucesos sobre los que te encuentras aquí enfrentándome hoy como tu culpa. Parece que no estás aceptando la responsabilidad que me gustaría que aceptaras por tus acciones. Y siento que tu ex esposa simplemente no está a salvo de ti en este momento. Lo único que puedo hacer es seguir mis instintos y emitir tu juicio en consecuencia.

Antes de dictar la sentencia de Kevin, la sala del tribunal se llenó de agentes del sheriff para la protección de todos.

Kevin fue sentenciado a un mínimo de 73 meses y un máximo de 97 meses en una prisión federal. Debía ser puesto en libertad en diciembre de 2004.

El juez me preguntó si tenía algo que decir:

Declaración de Whitney:

"Todo lo que puedo decir es que lo siento; Lamento que haya tenido que llegar a esto. Lo odio por mis hijos principalmente, debido a su relación con su padre, Kevin. Y como dije en mi testimonio, mis hijos fueron la razón principal por la que me quedé con él. Es difícil criar a tres hijos solo, pero lo estoy haciendo. Lo he estado haciendo solo, y continuaré haciéndolo solo. Esto puede sonar duro, pero en lo que a mí respecta, él es quien tomó la decisión de no ser parte de la vida de sus hijos cuando hizo lo que me hizo a mí. He hecho todo lo que puedo hacer por este hombre. He estado con él durante tanto tiempo, y he aguantamos tantas cosas que nadie sabe. Solía sentirme realmente culpable y como si de alguna manera las cosas fueran mi culpa. Y a pesar de que me hizo cosas horribles, horribles, lo perdoné de todos modos porque lo amaba. Pero creo que finalmente estoy llegando al punto en que me doy cuenta de que tiene que asumir la responsabilidad de sus propias acciones. Solo lamento que haya sido así, y lamento mucho que Kevin no haya podido obtener la ayuda que necesitaba. Ojalá hubiera escuchado, si no a mí, a alguien.

Quiero disculparme con mis hijos, porque sé cuánto los lastimamos. Ojalá las cosas hubieran sido diferentes. Lamento que hayan tenido que presenciar la violencia y el abuso en nuestro hogar, y lamento que hayan tenido que crecer tan rápido y lidiar con problemas de adultos, a pesar de que todavía son tan jóvenes. Amo a mis hijos más que a nada en este mundo, y haría cualquier cosa para protegerlos. Me alegro de que esta pesadilla finalmente haya llegado a su fin.

A los reporteros que cubren este juicio, me gustaría que le hicieran saber al mundo que la violencia doméstica es real, y que es un problema grave que enfrenta esta nación. Las mujeres de todo el país están presas en sus propios hogares. Depende de usted educar a sus lectores y oyentes sobre la violencia doméstica.

Quiero agradecer a todos los que testificaron en este juicio en mi nombre y decirles a todos los que estuvieron a mi lado cuánto los aprecio. Hubo días en los que pensé que no lo iba a lograr. Hubo días en los que no quería despertarme y enfrentar otro día. No quería convertirme en una estadística. No quería divorciarme. No quería que mis hijos crecieran sin su padre. No quería convertirme en una madre soltera criando a tres hijos sola. Y definitivamente no quería enviar a otro joven a prisión. Pero esta es la mano que me han dado, y la estoy jugando todos los días.

Soy un luchador. Y hoy, soy un ganador. Eso es todo lo que tengo que decir".

Obras citadas

D. Ashley Hill, M.D. "Issues and Procedures in Women's Health" (artículo en línea)

departamento de Obstetricia y Ginecología de http://www.OBGYN.net.: Residencia en Medicina Familiar de Florida Hospital; Orlando, Florida

Interacción del Condado de Wake

www.interactofwake.org

LIBROS DE PRINTHOUSE

¡Léelo, disfrútalo, cuéntale a un amigo!

PrintHousebooks.com

www.ingramcontent.com/pod-product-compliance
Lightning Source LLC
LaVergne TN
LVHW101914190826
846094LV00001B/1
9798350706536